AI와 광고 트렌드

인공지능총서

인공지능 시대입니다. 기계가 인간의 인지를 대신하고, 사물이 인간을 통하지 않고 다른 사물과 직접 커뮤니케이션합니다. 이에 따른 인간 삶과 문명 변화를 정확히 이해·예측·대응하는 것은 이 시대 우리 모두의 과제입니다. 인공지능총서는 인공지능 기술과 환경의 여러 주제를 10가지 키워드로 정리합니다. 관련 개념과 이론, 학계와 산업계의 쟁점, 우리 일상의 변화를 다룹니다. 인간과 기술의 현재, 미래를 세심히 분석합니다.

일러두기

- 인명, 작품명, 저서명, 개념어 등은 한글과 함께 괄호 안에 해당 국가의 원어를 병기했습니다.
- 외래어 표기는 현행 어문규정의 외래어표기법을 따랐습니다.

AI와 광고 트렌드

이윤우

대한민국, 서울, 커뮤니케이션북스, 2024

AI와 광고 트렌드

지은이 이윤우
펴낸이 박영률

초판 1쇄 펴낸날 2024년 11월 28일

커뮤니케이션북스(주)
출판 등록 2007년 8월 17일 제313-2007-000166호
02880 서울시 성북구 성북로 5-11
전화(02) 7474 001, 팩스(02) 736 5047
commbooks@commbooks.com
www.commbooks.com

ISBN 979-11-7307-104-1 03500

책값은 뒤표지에 표시되어 있습니다.

차례

AI가 가져올 새로운 광고와 미래

바람이 분다. 세상에 새로운 인공지능 바람이 불고 있다. 광고 관련 산업 분야도 이를 피해 가지는 못할 것이다. 그렇다면 갈대가 되어 그 바람에 적응해야 한다. 어릴 적 보았던 영화 〈스타워즈〉는 항상 최신 기술과 새로운 에피소드로 꾸준히 만들어지고 있지만, 초기나 지금이나 바뀌지 않은 장면이 있다. 주인공이 늘 안드로이드(Android, 이하 안드로이드)라는 로봇과 함께 다니면서 임무를 수행한다는 점이다. 의사 결정은 인간이 하지만, 안드로이드는 인간이 나름 합리적인 의사 결정을 하도록 다양한 정보를 제공하거나 수행하는 역할을 한다. 그 영화 속 안드로이드가 지금 우리의 주머니 속에서 부름을 기다리고 있다. 우리는 그것이 작고 똑똑해서 스마트폰(smartphone)이라 부른다. 그 스마트폰 속에는 다양한 존재들이 있다. 그중 가장 최근에 강력한 존재로 자리잡아 가고 있는 것이 인공지능(Artificial Intelligence, 이하 AI)이다. 그중에서도 생성형(Generative, 혹은 Gen) AI의 비중이 점차 커지고 있다. 이 생성형 AI는 개인 컴퓨터(Personal Computer, 이하 PC)에서도 잘 작동한다. 이제 광고도 AI와 함께하지 않으면 안 되는 세상이 되어가고 있다. 이에 광고와 AI의 결합이 가져올 새로운 세상이 궁금해서 아래의 10가지 질문을 준비해 보았다. 각 질문의 답은 목차의 순서와 같다. 인간과 AI, 광고가 융합되어 발전되는 바람의 방향을 찾아보기 바란다.

질문 1

통계 플랫폼 스태티스타(statista, 2024)에 따르면, 미국에서는 프로그래매틱(Programmatic) 광고 예산의 약 15%가 저품질 콘텐츠를 제공하는 사이트에서 낭비되고 있고, 영국은 광고 예산의 약 3%에 해당하는 수익이 알려지지 않은 이해관계자에게 전달되지 않는다고 한다. 그런데도 미국에서 프로그래매틱 광고의 채택률은 매우 높으며, 2024년에는 60% 이상의 광고주가 투자를 늘릴 계획이라고 한다. 2024년 미국의 프로그래매틱 광고 지출은 2,640억 달러를 초과할 것으로 예상된다. 그럼 미국에서 낭비되는 광고주의 돈 15%는 누구의 잘못일까? 또 영국에서 3%의 돈은 누구에게 돌아가야 할까?

그런데 이보다 더 심각한 문제는 브랜드의 안정성이다. 프로그래매틱 광고를 추진하는 데 문제점으로 제시될 수 있는 사항으로, 자동화 시스템에서 광고가 배치되므로 부적절한 콘텐츠와 함께 노출될 위험을 예견할 수 있을 것이다. 2017년 3월 펩시와 맥도날드, 디즈니 등은 '인종차별주의 등 혐오 조장 채널에 자사 광고를 노출시켰다'는 이유로 유튜브에서 광고를 철수했다고 한다. 어떻게 해야 평판 좋은 프로그래매틱 광고 제공사, 고품질 인벤토리를 찾을 수 있을까? 어떻게 안정성이 유지되도록 모니터링을 해야 할까?

질문 2

JP모건 체이스(JPMorgan Chase)? 어디서 많이 들어본 브랜드인데, 신규 광고회사라고 한다. 사실 광고보다는 금융업에서 아주 유명한 브랜드다. 미국에 있는 세계 최고의 금융회사다. 광고회사보다는 광고주 이미지가 더 어울릴 법한 거대 금융회사다. 왜 세계 최고의 금융회사가 광고업에 뛰어들었을까? 돈이 많아서 피그(Figg)라는 디지털 광고 플랫폼 회사를 인수한 걸까? 금융회사가 혹시 자사 고객에게 맞춤형 금융 서비스를 제공하듯, 개별 맞춤 광고라도 하려는 것일까?

요즘도 가끔 온라인 오픈마켓에서 상품을 구매하면 항상 그 상품 광고가 따라다닌다. 문제는 상품을 구매한

후라 더 이상 이 광고가 필요 없어서 귀찮기까지 하다는 점이다. 이런 광고는 소비자도 원치 않을 것이다. 또한 데이터의 품질이 낮거나 잘못된 데이터를 사용할 경우, 개인화 광고가 부정확하게 타기팅될 수도 있다. 어떻게 해야 데이터 정제와 전처리, 실시간 피드백 루프, 정기적 데이터 검토 등을 안전하게 추진할 수 있을까?

질문 3

2022년 피자헛은 배달과 포장 주문을 비교하는 광고 캠페인을 진행했다. 이 캠페인은 소비자에게 더 저렴한 포장 주문을 이용할지, 아니면 배달을 이용할지 선택하게 한 것이다. 핵심은 배달비 부담이었다. 이런 소비자의 마음을 읽을 줄 아는 것이 인사이트(insight, 통찰력)다. 이 피자헛의 인사이트는 소비자들이 필요로 하는 무엇(needs)을 잘 찾아서 캠페인으로 연결한 것으로 보인다. 소위 데이터 기반 인사이트를 실현한 것으로 보이는데, 이처럼 우리 주변에서 변화되는 소비자들의 행태를 어떻게 하면 경쟁사보다 빠르게 찾아낼 수 있을까?

2023년 필자는 카피라이팅 수업에서 중간고사 이후 과제로 생성형 AI를 이용한 결과물을 제출받았다. 생성형 AI인 오픈AI(OpenAI)의 챗GPT(ChatGPT) 활용법을 간단하게 학습한 후 1주일 안에 헤드카피만 제출하는 것이었다. 조건은, 브랜드(Brand, 토끼제과), 브랜드 가치(Brand value, 신선/부드러움/따끈따끈), 상품(Product, 아침식빵), 상품 특징(Product Features, 소포장/저렴한 가격)이었다. 학생 수는 50여 명이었다. 처음에는 다양하고 창의적인 토끼제과의 아침식빵 카피가 제출되었다. 30여 명 정도는 나름 구분되는 창의적인 카피가 제출되었다. 그런데 이후에 제출한 20여 명의 카피는 같았다. '토끼제과, 아침의 따뜻한 시작!' 무엇이 문제였을까?

질문 4

예전에 '컴퓨터 미인'이라는 이야기가 있었다. 지금도 포털에서 검색하면 얼굴이 미인이었던 특정 연예인들을 소개한 오래전 기사들이 검색된다. 그런데 컴퓨터 미인이라는 말이 무색하게 요즘은 진짜 컴퓨터가 사람 얼굴도 그린다. 컴퓨터가 만든, 더 정확하게는 AI가 만들어낸 인간의 얼굴…. 하지만 인간이 봐도 이상하다. 왜 그러냐고 마이크로소프트(Microsoft)의 AI인 코파일럿(Copilot)에게 물었다. 그랬더니 인간의 얼굴은 완벽하지 않은데, AI가 만든 인간의 얼굴은 비율과 대칭에서 완벽하기 때문에 인간의 눈에는 이상하게 보이는 것이라고 한다. 그럼 AI는 광고에서 사용할 개성 있는 인간의 얼굴을 만들기 어려운 것일까?

2024년 일본에서는 맥도날드의 광고 때문에 말이 많다. AI가 만든 광고 모델의 행동이 자연스럽지 않고, 외모에서 팔이 기형적으로 크고, 손가락이 6개로 보인다는 등 혐오스럽다는 반응이다. 소비자들은 오히려 식욕이 떨어진다, AI가 인간을 대체할 수는 없다는 반응까지 보인다. 일본 맥도날드의 향후 대응이 주목된다. 그런데 AI는 다른 AI가 만든 인간의 모습을 구별할 수 있을까?

질문 5

미국의 스탠퍼드대(Stanford Univ.)와 카네기멜론대(Carnegie Mellon Univ.)가 공동으로 연구한 결과에 따르면, 광고주의 67%가 자신도 모르게 허위 정보를 제공하는 웹사이트에 광고를 게재하고 있으며, 이에 따라 소비자들의 심각한 반발 위험이 있다. SNS상에서 우리 브랜드가 부적절한 콘텐츠, 잘못된 정보 등과 함께 노출된다면 어떨까? 원래 SNS는 타기팅이 쉬운 미디어로 알려졌는데, 잘못된 타기팅이 있었다면 어떨까? 안타까운 일이다. 그럼 AI가 광고하면 이런 실수가 없을까? 광고에서 AI가 잘하는 일은 단순 반복적인 일, 대량의 데이터 분석, 오류 수정 등이다. 반면 인간은 품질 관리, 복잡한 의사 결정, 적응력과 창의력이 필요한 일, 감정적이고 직관적인 일을 AI보다 잘한다. SNS는 원래 사람들 간의 소통을 위해 만들어진 것이다. 이런 SNS가 광고를 포함한 다양한 목적에 활용되다 보니 복잡해지고 일부 이용자의 거부감까지 발생하고 있다. 소비자 관점에서 보면 광고도 정보다. SNS에서 현재 보이는 광고가 너무 많다 보니 정보의 바다에서 헤어나지를 못하고 있는 느낌이다. 어떻게 해야 SNS에서 인피드(in-feed) 광고가 안전할까?

질문 6

펩시는 2017년, 'Live for Now — Moments' 광고를 공개했다. 2012년부터 시작된 'Live for Now' 캠페인의 연장선상에서 진행된 광고다. 그런데 연출된 내용 중 광고 모델이 시위 현장에서 경찰에게 펩시콜라를 건네주는 장면이 있었다. 이 장면이 문제가 되었는데, 시청자들은 광고가 Black Lives Matter 운동(아프리카계 미국인에 대한 경찰의 잔인함과 이에 따른 사고에 대항하는 비폭력 내지 폭력적 시민불복종을 옹호하는 조직화된 움직임. 출처: 위키백과)을 가볍게 보는 것으로 느꼈다고 한다. 광고는 SNS와 언론에서 큰 비판을 받았으며, 많은 사람이 광고가 실제 시위의 위험성과 좌절감을 무시하고 있다고 지적했다. 이에 펩시는 광고를 철회하고 사과하며, '통합, 평화, 이해의 글로벌 메시지를 전달하려 했다'고 설명했다. 이 광고는 펩시 내부에서 직접 제작한 광고인데, 제작 과정에서 집단 내 동조화 현상(Group-think)이 발생한 것으로 보인다고 한다. 아무도 생각 없이, 비평이나 비판적 견해 없이 안일하게 의사 결정을 한 것으로 보인다. 캠페인 제작과 관련된 의사 결정은 조심스러울 수밖에 없는데, 캠페인을 최적화하기 위해서는 광고 제작 과정에서 시청자들의 감정분석이나 다문화의 관점 등을 찾아내야 한다. 어떻게 해야 이런 문제에 대해 효과적인 의사 결정 방식을 찾고 관리할 수 있을까?

질문 7

어느 날 공개 프레젠테이션(Presentation, 이하 PT)을 통해 광고주를 모시게 되면, 가장 먼저 광고주 담당자(Account Executive, 이하 AE)가 선정된다. 사안에 따라서 영업 단계부터, 또는 PT 과정 등을 통해서 적합한 인물이 AE로 나서게 되기도 한다. 2023년 초 방송된 드라마 〈대행사〉에는 전문성을 가진 다양한 직종의 광고대행사 직원들이 소개되었고 그들의 애환이 잘 나타나 있었다. AE는 기획을 주도하고 광고주와 주요한 연락을 주고받는 통로 역할을 한다. 광고주의 요구 사항을 파악하고 이를 내부에 전달하는 역할이다. 중간중간 캠페인의 진행 상황을 전달하고, 필요한 조정을 수행했다. 리서치 팀은 시장 조사와 소비자 조사를 통해 광고 전략 수립에 필요한 데이터를 수집, 분석, 그리고 제공하거나 준비한다. 큰 대행사는 별도의 팀을 두기도 하지만, 경우에 따라서는 카피라이터와 AE들이 직접 수행하기도 한다. 이 과정에서 AD-Brief, Copy-Brief의 기초가 생성되기도 한다. 카피라이터와 아트디렉터(Art Director, AD)는 광고의 메시지와 디자인을 개발한다. 이들은 광고주의 요구 사항을 반영해 창의적인 아이디어를 제안하고, 이를 실제 광고물로 제작한다. 프로덕션(Production, PD) 팀은 TV, 라디오, 인쇄 광고 등 다양한 미디어에 맞는 콘텐츠를 제작한다. 미디어플래너(Media Planner, MP)들은 광고주와 협의해 예산, 타깃, 목적 등을 설정하고, 다양한 매체와 직접 협상해 광고 지면과 시간을 구매한다. 미디어 믹스를 통해 최적의 광고 성과를 내기 위해 다양한 매체를 조합하고 시뮬레이션한 뒤 제안했을 것이다. 이 다양한 전문가들은 내부 인트라넷, 공동 작업 공간 등을 이용해 항상 정보를 공유하며 협력적 의사 결정을 통해 광고주를 위해 최고의 메시지를 만들고 가장 적합한 미디어에 올리고자 노력했을 것이다. 어떤 면에서는 참 복잡하기도 하지만, 지금도 이 프로세스가 바탕이 되어 대행사와 광고 산업이 돌아가고 있다. 그런데 이 다양한 광고 전문 파트 중 가장 먼저 AI와 함께 일하게 된 분야는 어디일까?

질문 8

인간이 만든 이 세상은 여전히 발전하고 있으나, 한편으로는 여전히 완벽하지도 않다. 그래서 다양한 규범, 제도, 법 등을 통해 상호 권리와 의무를 다하며 살도록 권하고 있다. 우리 사회의 한 분야인 광고산업도 여기에서 벗어나지 않는다. 우리나라 광고산업 관련 단체의 총괄 연합기구인 한국광고총연합회에서는 1972년 광고윤리강령을 제정하고 관련 산하 조직과 회원사들의 준수를 요구하고 있다. 광고의 목표는 대중의 복지와 편익을 우선하는 데 두어야 하며, 광고 활동도 사회 도의와 규범 및 양속에서 벗어나서는 안 되며 사회 대중의 신뢰를 얻을 수 있어야 함을 제시하고 있다.

한편 AI에 관한 윤리 문제는 전 세계적으로 많은 나라와 국제기구에서도 관심이 높다. 우리도 정부 차원에서 대책을 준비하고 있는데, 비단 광고 산업 분야뿐만 아니라 전 산업 분야에 걸쳐 다양한 AI 기술이 적용됨에 따라 동시에 AI 윤리 문제가 논란이 되고 있다. 국민권익위원회는 AI 윤리 문제의 예로 편향성, 인격권 침해, 사생활 침해, 신뢰성과 투명성 상실, 책임 문제, 검증되지 않은 정보 제공, 거짓 정보 등을 들고 있다. 이에 대해 AI 기술의 안전성과 신뢰성을 높이기 위해 정부와 기업은 AI 윤리 원칙 또는 법·제도 제정을 위한 연구 등으로 활발하게 대응 방안을 모색하고 있다.

광고 윤리 문제만 해도 광고의 역할과 소재, 표현, 설득 등과 관련된 윤리적 쟁점이 분분한데, 거기에 기술적 요인인 AI가 가지고 있는 윤리적인 문제까지 불거지고 있어서 복잡한 양상을 보이고 있다. 우리보다 광고, AI, 소비자 등 관련 기술과 제도가 먼저 정비된 나라에서는 어떤 방식으로 대응하고 있을까?

질문 9

광고 담당자가 무의식적으로 편향된 결정을 내린다면? 데이터의 통합 처리를 제때 하지 못한다면? 시장 변화에 대한 대응이 부족하다면? 혁신적이지 못하고 기존 예측 모델만 신뢰하고 있다면? 결국 광고주의 광고 지출 대비 수익률(Return on Investment, 이하 ROI)을 크게 감소시켜서 난처한 상황에 이르게 될 것이다. 항상 타깃에게 정확하게 도달할 수 있도록 객관성을 유지해야 하고, 적합한 데이터의 통합 방법에 대해 고민해야 한다. 시장 트렌드와 소비자행동의 변화에 발 빠르게 대처해야 하고, 예측 모델에 과도하게 의존하면 창의적이고 혁신적인 광고 전략을 놓칠 수 있으니 다양한 가능성에 대해 생각해 보아야 한다. 그래야 광고주의 브랜드와 ROI를 개선할 수 있다.

그럼 AI는 어떨까? 활용할 데이터가 편향되어 있다면? 데이터 분석 시 인간의 프라이버시를 침해했다면? 잘못된 비즈니스 결정을 초래했다면? 사회적인 편견이 반영된 윤리 문제가 발생한다면? 역시 광고주의 ROI를 크게 감소시켜서 난처한 상황에 이르게 할 것이다. 편향되지 않은 학습 데이터를 사용하도록 하고, 광고 타기팅에 개인의 프라이버시를 침해하지 않도록 주의하며, 예측이 빗나가지 않도록 검증하고, 의사 결정에 사회적 편견이 없도록 노력해야 할 것이다.

인간은 경험과 직관을 바탕으로 광고 전략을 세우지만, AI는 방대한 데이터를 기반으로 정밀한 예측과 최적화를 수행한다. AI는 인간이 놓칠 수 있는 미세한 패턴도 감지할 수 있어 광고 캠페인의 효율성을 극대화할 수 있을 것이다. AI를 활용한 광고 예측 모델과 ROI 최적화는 광고주에게 큰 이점을 제공하며, 앞으로도 그 중요성은 더욱 커질 것으로 예상된다.

만일 인간과 AI가 데이터를 다르게 해석한다면? 인간이 AI의 일하는 방식을 이해하지 못한다면? 인간과 AI의 소통이 원활하지 못하다면 어떻게 해야 할까?

질문 10

제2차 세계대전이 끝난 직후인 1946년 미국은 전시 통제가 해제되었으며, 그간 전쟁으로 잠재되어 있던 미국 국민의 소비 욕구가 깨어나기 시작했다. 또한 많았던 군수공장들도 생존을 위해 변해야 했다. 유럽의 생산 시설은 대부분이 파괴되었지만, 상대적으로 전쟁의 피해가 적었던 미국의 생산력은 크게 늘고 소비는 더욱 확대되었다. 그러면서 차츰 광고라는 특별한 존재가 활약을 하게 된다. 그 후 14년이 지난 1960년 1월 미국 노트르담대(Univ. of Notre Dame)의 매카시(E. Jerome McCarthy) 교수는 『마케팅 기초-관리 접근법(Basic Marketing-A Managerial Approach)』이라는 책을 써서 광고와 마케팅의 새로운 지평을 제시했는데, 이 책의 핵심이 바로 마케팅 4Ps(Product, Price, Place, Promotion)를 정의한 것이다. 당시 마케팅 교수들이 P로 시작하는 다양한 마케팅 개념을 여섯 가지에서 여덟 가지로 제시했지만, 매카시 교수는 마케팅을 관리에 초점을 두고 크게 네 가지로 정리했다. 당시 마케팅은 관리를 중시하는 교수들과 기능을 중시하는 교수들이 주류를 이루고 있었다. 그리고 다시 33년이 지난 1993년 11월 미국 노스웨스턴대(Northwestern Univ.)의 슐츠(Don E. Schultz) 교수는 동료들과 함께 『통합 마케팅 커뮤니케이션: 통합하고 효과적으로 만들기(Integrated Marketing Communications: Putting It Together & Making It Work)』라는 책을 써서 그간 세간에서 분분하던 광고와 마케팅의 새로운 방향을 제시했다. 이른바 4Cs(Consumer, Cost, Convenience, Communication)의 탄생을 알렸다. 그러나 4Cs는 4Ps와 다르게 이론으로 인정받지는 못하는 분위기다. 당시 새롭게 세상에 나온 인터넷이라는 기술과 오래전부터 연구되어 온 커뮤니케이션의 방향을 이용한 전략적 측면이 강했기 때문이라 생각된다. 우리도 시대의 흐름을 예민하게 받아들여 1990년대 중반 광고 학계와 업계에 통합 마케팅 커뮤니케이션(IMC)의 광풍이 일기도 했다. 그리고 또다시 23년이 지난 2016년 스위스 다보스에서 개최된 세계경제포럼(World Economic Forum, 일명 다보스포럼, WEF)에서 창설자 클라우스 슈바프(Klaus Schwab) 회장은 "4차 산업혁명(Die Vierte Industrielle Revolution)"이라는 보고서를 통해 4차 산업혁명이라는 용어를 주창했다. 광고를 포함한 세상의 모든 산업이 새롭게 나아가게 될 기술 혁신의 미래를 제시했다. 이때 제시된 새로운 기술의 개념이 크게 3Hs(Hyper-Connect, Hyper-Intelligence, Hyper-Convergence)로 정리되고 있다. 우리는 지금 4차 산업혁명의 한복판에 서 있다. 그렇다면 다양한 기술 혁신의 한복판에서 광고는 어떤 새로운 기술들과 접목되어 발전할 수 있을까?

질문을 마치며

2022년에 작고하신 이어령 초대 문화부 장관께서는, 2017년 한 언론과의 인터뷰에서 동도서기(東道西器)와 인마일체(人馬一體) 이야기를 하셨다. "인간은 인공지능(AI)과 싸워서 이길 수 없다. AI 혁명이 벌어지고 있는데 생명 존중 사상을 바탕으로 AI 기술을 받아들이는 동도서기(東道西器)의 자세가 필요하다"며, "인간은 말과 경주하지 않는다. 말의 등에 올라타 이용하는 존재로서 인마일체(人馬一體)가 되는 게 중요하다는 점을 명심해야 한다"라고 조언하셨다. 이 말씀을 하신 지가 한참이 지났음에도 지금의 광고업계에도 가장 어울리는 말이 아닌가 생각된다. AI라는 말의 등에 올라타서 인간과 말이 함께 고객을 위해 노력해야 할 것이다. 본문에서 반복적으로 이야기하지는 않겠지만, AI와 인간의 협업이 가장 이상적인 것으로 생각된다.

참고문헌

국민권익위원회(2023). 사례 돋보기 – AI 윤리 및 거버넌스 정책 사례. 청렴윤리경영브리프스 2023.10.

남경태(2018). 광고 관련 윤리적 쟁점들에 대한 국내 소비자들의 인식. 부산울산경남언론학회, ≪지역과 커뮤니케이션≫ 22(4), pp.70-100.

뉴스1(2022.1.22). 배달비 너무 올랐나, 포장 고객 늘었다… 무조건 2천원 할인 공세.

동아일보(2024.8.21). 손가락 6개' 日 맥도날드 광고에 AI 모델이… "소름 끼친다" 비판.

박종구(2023). 생성형 인공지능과 광고, KOBOCO, AD & MEDIA TREND REPORT, vol 2.

연합뉴스(2017.6.23). 이어령 "인간은 말과 경주 안 해…AI도 잘 활용해야".

유승철(2022). 지금 당신의 브랜드는 안전하십니까?. 한국광고주협회 KAA Journal, 2022년 01, 02월호 pp.20-24.

이윤우(2018.12.10). 협력적 의사결정 시대, 심리적 자본 확충이 관건. 아시아투데이 칼럼.

주영민(2024). JPMorgan Chase의 맞춤형 광고 사업 출범 및 시사점.

한국금융연구원 금융브리프 33(11), pp.14-16.
한국경제(2022.12.12). 황신혜, '컴퓨터 미인' 시절 공개…말이 안 나오는 비현실적 미모.
brunchstory(2018.07.14). 광고회사 직무 이렇게 많아요!(by 참새방앗간).
SBS 뉴스(2020.9.8). 극단적·혐오 콘텐츠에 우리 회사 광고가… 대책은?.
THE PR(2020.12.4). AI 기술로 브랜드 세이프티 문제 어떻게 해결할까?
Pash, C.(2024.7.4). How advertising spreads misinformation. AdNews.
Schultz, D. et al.(1993). *Integrated Marketing Communications: Putting It Together & Making It Work*. McGraw-Hill.
McCarthy, E. J.(1960). *Basic Marketing - A Managerial Approach*. Irwin.
Schwab, K.(2016). *Die Vierte Industrielle Revolution*. Pantheon.
statista(2024). Programmatic advertising in the United States - statistics & facts, https://www.statista.com/topics/7912/programmatic-advertising-in-the-us/#topicOverview
Live for Now, Wikipedia https://en.wikipedia.org/wiki/Live_for_Now.

01
프로그래매틱 광고에서 AI의 활용

미디어는 광고의 효과를 결정짓는 중요한 요소로, 광고주는 적절한 시간대와 지면 확보가 필요하다. 디지털 광고 시장은 10년 만에 3배 성장하며, 프로그래매틱 광고가 등장해 자동화된 거래 시스템을 통해 광고의 효율성을 높이고 있다. AI는 사용자 데이터를 분석하고, 실시간 입찰을 최적화하며, 광고 사기를 방지하는 등 다양한 역할을 수행한다. 하지만 AI의 활용으로 인한 문제점과 우려도 존재한다. 결국 AI와 프로그래매틱 광고의 결합은 광고 시장의 미래를 이끌 중요한 요소가 될 것이다.

효율적인 광고 전략: 프로그래매틱 광고의 도입과 그 영향

미디어는 광고를 담는 그릇이다. 광고를 잘 만들기도 해야 하지만, 그릇에 제대로 담아내야 원하는 결과를 얻을 수 있는 것이다. 광고주가 결정될 즈음 대행사에서 가장 먼저 할 일은 광고주가 원하는 미디어의 광고 시간대나 지면을 확보하는 일이다. 이 시간대나 지면의 확보가 어떤 면에서는 대행사의 능력으로 비치기도 했으며, 어떤 경우에는 시간과 지면을 조건으로 광고를 하자는 소위 선매제(Preemption, 先買制) 참여를 요구하는 광고주도 있었다. 한정된 미디어에 브랜드를 노출하기까지 어려운 경우도 많았을 것으로 생각된다.

여기서 우리가 생각해야 할 것이 한정된 미디어다. 만일 미디어가 더 많아진다면, 미디어에 노출되는 사람들이 더 늘어난다면, 광고를 노출할 곳도 많아지고 효과도 더 커질 수 있을 것이다. 한마디로 광고 시장의 규모가 커진다면 대행사나 AE는 번거로울 수 있겠으나, 고객이 원하는 광고를 충분히 소화할 수 있을 것으로 생각된다.

그리고 이런 이상적인 상황이 이제 어느 정도 가능해지고 있다. 2013년 3조2천억 원 수준이었던 디지털 중심의 뉴미디어 광고 시장의 규모가, 10년이 지난 2023년에는 9조6천억 원 수준으로 세 배 이상 커졌다. 같은 기간 전체 광고 시장 규모가 13조 원에서 14조 원으로 약 1조 원 정도의 성장률을 보인 것에 비하면 다른 미디어에 비해 가파른 성장을 보인 것이다. 예전의 미디어들이 점차 디지털화, 온라인화되고 새로운 온라인 미디어들이 등장하면서 온라인상에서 시간과 지면을 쉽게 확보할 수 있게 되었다. 이용자의 접속 경로, 로그 분석 등의 데이터를 활용해 광고주가 원하는 메시지를 맞춤화해 노출할 수 있게 된 것이다. 규모를 통한 광고 생태계의 변화가 가능해졌다.

이런 규모의 경제가 가능해지면서 등장한 것이 컴퓨터 프로그램을 통해 적합한 미디어의 시간과 공간 구매에 참여하는 방식인 프로그래매틱 광고다. 아직도 광고업계에서는 반신반의하고 있으나, 어쩌면 지금이 광고 거래 시스템을 개선할 기회가 될 수도 있을 것이다. 공간의 거래가 공개 거래소에서 완전히 자동화된 거래소의 전자 거래로 전환될 수 있기 때문이다.

하버드대(Harvard Univ.)의 제프리 레이포트(Jeffrey F. Rayport)는, 광고 생태계는 광고의 프로그래밍적 배치를 촉진하고자 하는 새로운 플레이어들로 점차 붐비기 시작했다고 하면서, 이는 자본시장에서 일어난 일과 유사한 변화였다고 했다(Rayport, 2015). 여기서 말하는 자본시장에서 일어난 일이란, 규모의 거래가 가능해짐에 따른 거래 시스템의 변화, 거래의 상품화 등을 의미한다고 할 수 있다. 한마디로 미디어의 시간과 지면을 상품처럼 거래할 수 있는 시스템으로의 변화를 의미한다.

이와 비슷한 사례는 대표적 자본시장인 주식 시장이다. 주식을 사고 싶은 사람이 많고 팔고 싶은 사람이 많으니, 서로가 온라인에서 안전하게 거래할 수 있는 공식 거래소에서 중개하는 시스템을 만들어 상호 희망하는 가격에 거래를 가능하게 하는 것처럼, 광고의 공간을 상품화해서 미디어와 광고주가 거래소 시스템(플랫폼)을 통해서 거래를 하도록 하는 것이다. 웹사이트, 모바일 앱, 동영상 플랫폼 등 미디어에서 제공되는 온라인 광고 공간인 디지털 인벤토리를 주식 상품처럼 거래하는 시스템을 통해 구매할 수 있도록 하는 것이다. 디지털 인벤토리는 노출 수, 클릭 수, 전환율 등 다양한 지표로 측정되며, 이를 통해 광고의 성과를 파악할 수 있고, 광고주는 이러한 디지털 인벤토리를 구매해 자신의 광고를 노출할 수 있다. 프로그래매틱 광고는 이러한 디지털 인벤토리를 실시간으로 거래하고 최적화하는 자동화된 광고 구매 방식이라고 할 수 있다.

이미 광고대행사들은 업무의 상당 부분을 미디어 공간 확보에 주력하고 있어서 이는 충분히 가능한 일이다. 광고는 이러한 변화에 적응할 준비가 되어 있고, 광고비의 상당 부분이 이미 디지털 인벤토리를 매수하는 데 사용되기 때문이다.

이런 광고 공간의 구매를 대행사의 AE나 광고주가 직접 하기에는 시장이 방대하니, AI를 이용해 적합한 미디어와 그 미디어의 공간을 찾아 주고 거래까지 가능하도록 한다면 AE나 광고주의 일이 개선될 수도 있을 것이다. 물론 광고 소비자들에게도 이에 대해 긍정적 감정 경험을 유도할 수 있고, 광고 맥락을 유지할 수 있는 효과도 지속될 수 있을 것으로 본다.

프로그래매틱 광고의 혁신: AI의 역할과 가능성

프로그래매틱 광고는 디지털 광고 거래의 혁신적인 변화를 이끌어 낸 기술로, 실시간 입찰(Real-Time Bidding, RTB) 방식을 통해 광고 공간을 자동으로 사고파는 과정을 의미한다. 이 과정에서 AI는 매우 중요한 임무를 수행하고, 광고 효율성을 극대화하고 타기팅의 정밀도를 높이며 비용을 절감하는 등 크게 여섯 가지 기능적 요인과 문제점 등을 보일 것이다.

사용자 데이터 분석과 타기팅 최적화

디지털 환경에서 사용자는 다양한 기기를 통해 방대한 양의 데이터를 생성한다. 이러한 데이터에는 브라우징 기록, 검색어, 소셜미디어 활동, 위치 정보 등이 포함된다. AI는 이러한 데이터를 실시간으로 분석해 개별 사용자의 관심사와 행동 패턴을 파악할 수 있다. 예를 들어 특정 사용자가 최근에 스포츠 용품을 자주 검색했다면, AI는 해당 사용자에게 스포츠 관련 광고를 노출시키는 방안을 제안할 수 있다. 이를 통해 광고주는 특정 사용자에게 맞춤형 광고를 제공할 수 있으며, 이는 광고의 클릭률(Click-Through Rate, CTR)과 전환율(Conversion rate, CVR)을 높이는 데 크게 기여할 수 있을 것이다.

실시간 입찰 과정의 효율성 극대화

프로그래매틱 광고는 실시간으로 진행되기 때문에 매우 빠른 속도로 입찰 과정을 처리해야 한다. 공인된 거래소가 필요하며, 광고 공간이 필요한 수용자(광고주) 플랫폼(Demand Side Platform)과 공간을 제공할 공급자(미디어사) 플랫폼(Supply Side Platform, SSP)의 활성화도 필요하다. AI 알고리즘은 수많은 광고 인벤토리와 사용자 프로필을 분석해 최적의 광고 지면을 선택하고 적절한 입찰가를 제시할 수 있을 것이다. AI는 사용자의 이전 클릭 행동, 구매 이력, 페이지 체류 시간 등 다양한 요인을 고려해 가장 효과적인 광고 지면을 선택할 수 있고, 이를 통해 광고주는 예산을 효율적으로 사용할 수 있으며, 광고비 대비 높은 성과를 얻을 수 있을 것이다.

광고 사기(Ad fraud) 방지

디지털 광고 시장에서는 광고 사기가 큰 문제로 대두되고 있다. 로봇 트래픽이나 가짜 클릭 등이 광고 예산을 낭비하게 만드는 것이다. AI는 이상 패턴을 감지하고 실시간으로 사기 행위를 차단할 수 있는 능력을 갖추고 있다. 비정상적으로 높은 클릭률이나 비정상적인 트래픽 소스를 감지해 차단할 수 있으며, 이를 통해 광고주는 광고 예산을 보호하고, 광고의 실제 효과를 더욱 정확하게 측정할 수 있게 된다.

광고 캠페인 성과 분석 및 인사이트 제공

광고 캠페인이 진행되는 동안 AI는 다양한 지표를 실시간으로 모니터링하고 분석해 광고주에게 중요한 인사이트를 제공할 수 있다. 어떤 광고가 가장 효과적인지, 어떤 채널이 가장 높은 전환율을 보이는지 등을 분석할 수 있으므로, 이를 통해 광고주는 캠페인 전략을 지속적으로 개선하고 더 나은 성과를 달성할 수 있다. 또한 데이터 시각화를 통해 광고주가 쉽게 이해할 수 있도록 도와주며, 이를 통해 광고주는 더 나은 의사 결정을 내릴 수 있다.

고객 경험 개선

AI는 광고를 개인화해 고객 경험을 개선하는 데도 기여할 수 있다. 사용자의 이전 구매 이력과 관심사를 바탕으로 맞춤형 제품 추천을 제공할 수 있으며, 이를 통해 사용자는 자신에게 적합한 제품을 더 쉽게 찾을 수 있어서 고객 만족도를 높일 수 있다. 또한 고객의 피드백을 분석해 광고 전략을 조정하고, 이를 통해 고객의 요구에 더욱 부합하는 광고를 제공할 수 있을 것이다.

예측 분석 및 미래 전략 수립

AI는 과거 데이터를 분석해 미래의 광고 성과를 예측하는 데도 활용될 수 있다. 계절별 판매 패턴, 사용자 행동 변화 등을 분석해 향후 광고 전략을 수립하는 데 도움을 줄 수도 있다. 이를 통해 광고주는 더 효과적인 전략을 미리 준비하고, 시장 변화에 빠르게 대응할 수 있을 것으로 보인다. 또한 경쟁사의 광고 전략을 분석해 광고주가 경쟁 우위를 유지하도록 도와줄 수 있다.

예상할 수 있는 문제점

AI를 활용한 프로그래매틱 광고에도 문제점은 존재할 것이다. 불법적인 측면에서 더 고도화되고 정교화된 광고 사기가 나타날 수도 있다. AI를 활용해 AI가 감지하지 못하는 고도의 노출 수나 클릭률 조작 기법이 탄생할 수도 있다. 또한 데이터 주체의 동의 없는 개인정보 활용 문제나 프라이버시 침해도 있을 수 있다. 한편 불법은 아니지만 AI가 가지고 있는 편향성도 문제가 될 수 있다. 편향된 데이터를 학습한 AI는 특정 인구통계학적 집단에 대한 차별적인 광고 타기팅을 할 수 있을 것으로 예상된다. 그러나 가장 크게 우려되는 문제는 광고 시장 왜곡 현상이다. 이미 주식 시장이 프로그램 매매를 통해 종종 발생하는 대형 주식 위주의 지수 급등락을 유발하는 것처럼, 메이저 미디어의 시간과 지면에 쏠려 시장이 혼란스러워지는 왜곡이 발생할 가능성도 있을 것으로 조심스럽게 예견해 본다.

결론적으로

프로그래매틱 광고에서 AI의 활용은 디지털 광고의 효율성과 효과를 크게 향상시킬 것이다. AI는 데이터를 분석하고, 입찰 과정을 최적화하며, 광고 크리에이티브를 자동으로 생성하고, 광고 사기를 방지하며, 캠페인 성과를 분석하는 등 다양한 방식으로 광고주에게 큰 가치를 제공할 수 있다. 앞으로 AI 기술이 더욱 발전함에 따라 프로그래매틱 광고의 잠재력은 더욱 향상될 것으로 기대된다. 광고주는 이러한 기술을 적극적으로 활용해 보다 효과적인 광고 전략을 수립하고, 디지털 광고 시장에서 경쟁력을 강화할 수 있을 것이다. AI와 프로그래매틱 광고의 결합은 미래의 광고 시장을 이끌어 갈 중요한 동력으로 자리 잡을 것으로 예상된다.

참고문헌

매드타임스(2021.11.1). [특별 좌담회] 프로그래매틱 광고, 지금이 시작할 때다.

여민구 · 고한준(2018). 디지털 사이니지에서 프로그래매틱 광고의 적용 가능성에 대한 연구. ≪한국광고홍보학보≫, 20(4), pp.274-303.

이균성(2023.8.14.). 광고에도 거래소와 경매가 필요한 시대가 됐어요. ZDNet korea.

차영란(2018). 광고 및 미디어 산업 분야의 인공지능(AI) 활용 전략:

심층인터뷰를 중심으로. ≪한국콘텐츠학회논문지≫, 18(9), pp.102-115.
e-나라지표(2024.2.26). 문화체육관광부 광고 현황.
Osmundson, B.(2024). What Is Programmatic Advertising? How Does It Work? *Search Engine Journal.*
Rayport, J.(2015). Is Programmatic Advertising the Future of Marketing? *Harvard Business Review.*

02
AI를 활용한 개인화 광고와 사용자 경험

코카콜라의 '셰어 어 코크(Share a Coke)' 캠페인은 개인화 마케팅의 성공 사례로, 소비자 참여를 유도하며 감성 메시지를 활용했다. AI를 이용한 맞춤형 광고와 소비자 데이터 분석으로 광고 효과를 높였다. 개인화 광고는 사용자 경험을 개선하고 신뢰를 구축한다. 향후 AI 기술의 발전으로 광고의 정교화가 기대되지만, 개인정보 보호와 윤리적 문제 해결이 필요하다.

개인화 마케팅과 AI의 성공적인 융합

코카콜라 병에 내 이름이 새겨져 있다면 기분이 어떨까? 제임스, 크리스, 로라, 스티브 등. 2011년 시작된 코카콜라의 '셰어 어 코크(Share a Coke)' 캠페인의 일환이다. 호주에서 시작되었으며, 제품의 브랜드 로고를 숨기고 그 자리에 사람의 이름을 넣어 소비자 참여를 유도해 성공한 캠페인으로 볼 수 있다. 과연 내 이름이 들어간 콜라병이 있다면 그냥 지나칠 수 있을까? 안타깝게도 우리나라에서는 개인의 한글 이름을 표현하기에 어려웠는지, 이름이 아닌 감성 메시지로 대체되었다. 지금도 겨울에는 '우리 가족', '고마워', '사랑해, 친구야' 등이 들어간 코카콜라 병을 편의점에서 쉽게 볼 수 있다. 어쩌면 우리나라에서는 개인의 이름보다는 감성이 들어간 단어가 더 정서에 맞아서 성공할 수 있었는지도 모른다. '셰어 어 코크' 캠페인은 대표적인 개인화 마케팅의 성공 사례로 볼 수 있다. 개인화 마케팅은 고객의 특성, 취향이나 관심사 등을 분석하고 범주화해 맞춤형 제품과 서비스, 메시지 등을 제공하는 전략이다.

여기서 주목할 점은, 이 캠페인에 AI를 활용한다면 어디에, 무엇을, 어떻게 활용할 것인지다. 훨씬 빠른 의사결정이 가능하고 더 다양한 정보를 얻을 수 있을 것이다.

실제 코카콜라는 AI를 활용해 추진했다. 소비자들이 AI를 이용해 이미지를 만들어 제출하는 공모전을 실시해 무려 12만 개의 이미지를 제공받았다. 코카콜라는 이를 분석하기 위해서 AI 이미지 인식 기술로 SNS에 올라온 음료 이미지(병뚜껑 번호, 페트병 사진) 등을 자동으로 수집해서 각 지역에서 잘 팔리는 제품 정보들을 분석했다. 그리고 이에 기반한 맞춤형 인터넷 광고를 올린 결과 기존 광고 대비 4배 높은 클릭률을 보였다. AI를 활용한 개인화 광고 전략이 빛을 발한 순간이다. 한편 2023년 겨울에는 GPT-4와 달리 2(Dall-E 2)의 결합된 기술을 활용해 만든 크리에이트 리얼 매직(Create Real Magic™) 페이지에서 소비자들이 개인화된 크리스마스 카드를 만들도록 장려하는 연말 캠페인을 추진했다. 몇 번의 클릭만으로 이미지 선택부터 AI 기반 텍스트 생성 기능을 통해 개인화된 크리스마스 인사말까지, 소셜 플랫폼과 왓츠앱에서 공유할 수 있는 크리스마스카드를 만들어 활용할 수 있도록 제공하기도 했다. AI를 활용한 개인화 광고 전략 덕분에 가능했던 일이다. 이재영과 진범섭도, 마케팅 실무자들과 생성형 AI에 대한 핵심 그룹 면담(Focus Group Interview)을 진행한 결과 대량의 검색 키워드 분류에서 시간적 효율성이 크게 향상됨을 확인했고, 생성된 콘텐츠가 소비자의 의도를 더욱 정확하게 반영해 만족도가 높다는 평가를 받았다고 하면서, 생성형 AI가 기존 모델들의 한계를 극복하고 초개인화 마케팅 전략 개발에 크게 기여할 것으로 예상된다고 했다(이재영 · 진범섭, 2024).

AI 기반 개인화 광고의 특징과 개인화 광고가 사용자 경험에 미치는 영향

최근 디지털 기술의 급속한 발전과 데이터 활용이 증가하면서 광고 분야에서도 AI 기술의 활용이 확대되고 있다. 특히 개인화 광고는 사용자의 관심사와 행동 패턴을 분석해 맞춤형 광고를 제공함으로써 사용자 경험을 향상하고 광고 효과를 높이는 데 기여하고 있다. AI 기반 개인화 광고의 특징과 사용자 경험에 미치는 영향, 그리고 향후 과제 등에 대해 아래와 같이 정리할 수 있다.

AI 기반 개인화 광고의 특징

AI 기술은 개인화 광고의 핵심 동력이 되고 있다. 먼저 AI는 사용자의 검색 기록, 구매 이력, 관심사 등 다양한 데이터를 수집하고 분석해 사용자 프로필을 구축할 수 있다. 이를 통해 개인의 특성과 선호도를 파악할 수 있으며, 실시간으로 사용자의 반응과 광고 성과를 모니터링 해 광고 내용, 타이밍, 채널 등을 즉시 최적화할 수 있다. 개인정보의 활용 등에 관한 연구에서 윤세연과 조창환은 소비자들이 더 이상 프라이버시를 지키는 것이 아니라 혜택과 위험을 계산한 후에 혜택이 크다면 쉽게 정보를 제공할 수 있다며, 소위 프라이버시 역설(privacy paradox)의 발생 가능성을 제시하기도 했다(윤세연 · 조창환, 2018). 개인정보에 관한 생각이 바뀌기 시작한 것으로 볼 수 있다. 이와 함께 AI 기술은 새로운 형태의 광고 방식을 가능하게 하는데, 음성 기반 광고, AR/VR 기술을 활용한 몰입형 광고, 동적으로 변화하는 콘텐츠 광고 등을 구현할 수 있다. 이러한 혁신적인 광고 형태는 사용자의 관심과 흥미를 끌어 높은 광고 효과를 거둘 수 있을 것으로 보인다. 또한 AI는 노출, 클릭, 전환율 등 다양한 광고 성과 지표를 실시간으로 측정하고 분석할 수 있다. 이를 통해 광고주는 더 효과적인 광고 전략을 수립할 수 있게 될 것이다.

개인화 광고가 사용자 경험에 미치는 영향

AI 기반 개인화 광고는 사용자 경험 향상에 기여하고 있다. 먼저 사용자의 관심사와 필요에 부합하는 맞춤형 광고를 제공함으로써 사용자의 편의성과 관련성을 높일 수 있다. 이는 사용자의 광고 거부감을 낮추고 긍정적인 경험을 제공할 수 있다. 또한 개인화 광고는 사용자 데이터 활용에 대한 투명성을 높이고 사용자 통제권을 강화함으로써 프라이버시 우려를 해소할 수 있다. 이를 통해 광고에 관한 사용자의 신뢰를 높일 수 있다. 이와 함께 개인화 광고는 사용자의 광고 피로도를 낮추고 브랜드에 대한 긍정적인 인식을 형성할 수 있다. 관련성 높은 광고를 제공함으로써 사용자의 거부감을 줄일 수 있으며, 이는 곧 브랜드에 대한 신뢰로 이어질 것이다. 그러나 진홍근과 김민정은, 소비자의 적극적인 선택으로 만들어진 맞춤화 광고 상황이 소비자의 긍정적 감정 경험을 유도할 수 있다고 하면서, 기업의 기계적인 분석과 노출 중심의 개인화 광고 전략을 세우기보다는 소비자를 적극적으로 광고 선택 상황, 즉 맞춤화 광고 상황으로 유도해야 한다고 했다(진홍근 · 김민정, 2021). 소비자들이 동의하지 않았거나 그들과 함께 진행되지 않은 리타기팅 광고는 아무리 그들의 관여나 관심사와 관련이 높다 하더라도 감정 경험을 유발하기 어려울 수 있으며, 추후 부정적 전환의 가능성도 있다. AI를 활용한 개인화 광고를 더욱 발전시켜 맞춤화 광고로의 발전을 기대해 본다.

전망 및 과제

향후 AI 기술이 지속적으로 발전함에 따라 개인화 광고는 더욱 진화할 것으로 전망된다. 음성 인식, 컴퓨터 비전, 자연어 처리 등 다양한 AI 기술의 고도화로 광고의 정교화가 가능해질 것이다. 이를 통해 사용자의 상황과 맥락을 더욱 정확하게 파악하고 최적의 광고를 제공할 수 있게 될 것이다. 하지만 이와 함께 윤리적이고 투명한 개인정보 활용에 대한 과제도 해결해야 한다. 사용자의 동의를 받고 데이터를 수집하고, 알고리즘의 공정성과 투명성을 확보하는 것이 중요하다. 또한 개인정보 보호, 알고리즘의 편향성 해소, 광고 윤리 등에 대한 제도적 기준 마련도 필요할 것이다. AI 기술과 광고의 상생 발전을 통해 사용자와 기업 모두가 새로운 가치를 창출할 수 있을 것으로 기대된다.

참고문헌

매드타임스(2023.11.19.). 코카콜라의 크리스마스 캠페인, 제너레이티브 AI로 새 단장하다.

윤세연 · 조창환(2018). SNS 광고에서의 개인화 요소가 광고 효과에 미치는 영향: 페이스북 광고 메시지의 프라이버시 계산 모형을 중심으로, ≪한국광고홍보학보≫, 20(2), pp.64-94.

이재영 · 진범섭(2024). 생성형 인공지능을 활용한 초개인화 마케팅의 자동화 시스템의 효과성 탐색: 향후 방향성과 전략적 시사점, ≪한국디지털콘텐츠학회 논문지≫, 25(3), pp.823-832.

진홍근 · 김민정(2021). AI기반 디지털 광고효과 연구: 맞춤화 광고와 개인화 광고를 중심으로, ≪한국융합학회논문지≫, 12(8), pp.115-122.

Gao. Y. & Liu, H.(2022). Artificial intelligence-enabled personalization in interactive marketing: a customer journey perspective, *Journal of Research in Interactive Marketing*, 17(5), pp.663-680.

Marr. B. & Ward, M.(2019). *Artificial Intelligence in Practice: How 50 Successful Companies Used AI and Machine Learning to Solve Problems*, Wiley.

Muralidharan, S.(2024). Impact of AI on Personalised Targeting in Social Media Advertising, *Journal of Informatics Education and Research*, 4(2), pp.621-634.

03
AI 생성 콘텐츠와 브랜드 메시징

AI 기술의 발전은 콘텐츠 제작에 큰 변화를 가져왔다. 특히 광고와 마케팅 분야에서 개인화된 메시지와 자동화된 콘텐츠 생성이 주목받고 있다. 그러나 AI 생성 콘텐츠의 진정성과 윤리성에 대한 우려도 존재하며, 인간 크리에이터와의 협업이 중요하다. 브랜드는 AI의 장점을 활용하면서도 한계와 윤리적 고려를 균형 있게 인지해야 한다.

생성형 AI가 가져온 변화

AI 기술의 발전은 콘텐츠 제작 분야에도 큰 변화를 일으키고 있다. AI를 활용해 텍스트, 이미지, 영상 등의 콘텐츠를 자동으로 생성하는 기술이 등장했다. 이런 AI 생성 콘텐츠는 빠른 제작 속도, 개인화된 콘텐츠 생성, 반복 작업의 자동화 등의 장점을 가지고 있어 광고뿐만 아니라 다양한 분야에서 활용되고 있다.

특히 마케팅 및 광고 분야에서 AI 생성 콘텐츠는 주목받고 있다. 브랜드들은 AI 기술을 활용해 고객의 특성과 선호도에 맞는 개인화된 메시지를 전달함으로써 더욱 효과적인 브랜드 커뮤니케이션을 실현할 수 있게 된다. 고객의 구매 이력, 관심사, 인구통계학적 정보 등을 분석해 맞춤형 광고 메시지를 자동으로 생성할 수 있다. 또한 반복적인 콘텐츠 제작 작업을 자동화함으로써 비용과 시간을 절감할 수 있다.

박활빈과 박민아는 생성형 AI는 실제로 기존 광고 및 PR 분야의 접근법을 뛰어넘는 콘텐츠를 생성하는 데 기여하고 있다고 하면서, 한편으로는 사생활 침해나 기술의 오용 등에 대한 위협의 가능성을 경고했다(박활빈 · 박민아, 2024). 이를 위해 교육, 기술 개발, 윤리적 고려사항 등에 초점을 맞춘 미래 지향적인 연구와 협력이 이루어져야 할 필요가 있다고 강조했다. 그러면서 생성형 AI 기술은 광고, PR 산업에서 새로운 창의성과 혁신성을 실현하고 있으며, 특히 기존 광고와 PR 방식에 비해 다양한 콘텐츠를 빠르고 효과적으로 만들어 내는 데 기여하고 있다고 했다.

또한 강태구는 광고대행사에서 AI가 필요한 이유를 세 가지로 제시했다(강태구, 2024). 첫째는 인건비, 생산량, 효율의 문제다. 이는 비단 광고대행사에만 해당되는 사항은 아니다. 이미 많은 전문가가 다양한 분야에서 AI로 인해 인간의 일자리가 줄어들 것이라고 오래전부터 예견했는데, 그 저변에서 이해할 수 있는 문제다. 혹자는 사람이 AI에 밀리는 것이 아니라 더 나은 AI와 그 활용 능력을 갖춘 다른 사람에게 밀리는 것이라는 말로 위로를 삼기도 했으나, 결국 자본의 싸움으로 귀결되고 있는 내용이다. 둘째는 개인정보보호법 강화와 타기팅 문제다. 개인정보 보호를 위한 식별 가능한 정보의 제한은 이미 세계적인 추세다. 그럼에도 AI는 비식별화된 데이터를 기반으로 소비자를 분석하고 타기팅해, 앞 장에서 제시한 개인화된 광고 집행을 가능하게 하고 있다. 셋째는 AI와 크리에이티브 도구의 융합이다. 이 점은 눈여겨볼 사항이다. 생성형 AI가 몰고 온 다양한 GPT들의 탄생이 이를 가능하게 하고 있다. 이미지를 만들어 내거나, 음악을 작곡하거나, 원하는 글을 쓰는 등 다양한 크리에이티브 분야에서 인간과 협력해 전에 없던 콘텐츠들을 만들어 내고 있다.

생성형 AI의 활용 사례

세상에서 제일 먼저 빛을 본 AI가 만든 상업용 광고는, 코카콜라가 2023년 3월에 선보인 글로벌 캠페인 '마스터피스(Masterpiece)'다. 우리나라에도 집행되었으며, 명작이 많은 미술관에서 벌어지는 에피소드를 다양한 생성 GPT를 활용해 제작한 것으로 보인다. 우리나라에서 제일 먼저 제작 전 과정을 AI로 만든 광고는 2024년 롯데그룹의 신년 인사 광고다. 계열 광고대행사인 대홍기획에서 '새해 희망'을 주제로 제작했으며, 생성형 AI가 카피와 슬로건 같은 텍스트 생성부터 사진과 일러스트 등 이미지 생성, 2~4초 동안 움직이는 동영상 생성, 광고의 배경으로 사용된 음악 생성까지 다양한 영역에서 활용되었다고 한다.

이런 AI 생성 콘텐츠 광고의 제작이 가능해진 이유는 이미 많은 기업이 AI를 도입해 부분적으로도 실무에 활용하고 있으며, 지속해서 새로운 활용의 확장을 준비하기 때문이다. AI, 그중에서도 생성형 AI의 가장 큰 특징은 창의적으로 콘텐츠를 만들 수 있다는 점이다. 이를 이용해 텍스트, 이미지, 영상 등의 콘텐츠를 자동으로 생성할 수 있다.

2024년 3월 현대백화점이 업계 최초로 AI 카피라이터를 도입해 활용 중이다. 루이스라는 이름의 이 AI는 회사에서 사번(Id)을 부여받았으며, 선임급 직원 대우를 받고 있기도 하다. 백화점만의 색깔을 입힌 카피라이팅에 최적화된 능력을 투입하고 있다.

2024년 4월에는 한국방송광고공사(KOBACO)에서 공익을 목적으로 만든 광고 스토리라인 생성 서비스를 '아이작(AiSAC)'에 탑재해 서비스했다. 아이작은 2021년에 광고 영상 검색 서비스로 시작했지만, 2022년에 스토리보드 제작 지원 서비스를 추가했고, 2023년에는 트렌드 분석과 AI 카피 제작 지원 서비스를 시작했다. 광고와 마케팅 커뮤니케이션 활용이 어려운 중소기업을 위해 기획, 소비자 분석, 아이디어 구상, 콘티 제작 등 영상 촬영 이전 단계에서 필요한 모든 작업을 지원하기 위해 만들어진 AI다.

그러나 이전에도 AI를 이용한 광고는 있었다. 2016년 6월 맥켄 월드그룹(McCann Worldgroup)의 일본 법인인 맥켄 밀레니얼스(McCann Millennials)에서 AI를 이용해서 광고를 만들었다고 한다. AI-CD β라는 이름의 이 AI는 웹 전용 CM을 제작하기 위해 활용되었으나, 당시 일본에서는 AI와 인간의 대결로 더 유명했다고 한다. 대결에 사용된 브랜드는 로레츠 민트 탭(Loretz Mint Tab)이라는 껌 광고였으며, 웹상에서 이루어진 투표 결과 근소한 차이로 인간이 이겼다고 한다. 당시 대부분의 언론은 인간과 AI의 대결에 초점을 맞추었으나, 몇몇 언론은 일본 노동 인구의 49%를 인공지능이나 로봇 등으로 대체할 수 있게 된다는 내용에 초점을 맞추기도 했다.

한편 2018년에는 중국 알리바바(阿里巴巴, Alibaba) 그룹의 디지털 마케팅 계열사 알리마마(阿里妈妈, alimama)에서도 초당 2만 줄의 카피를 쓰는 AI 카피라이터 개발에 성공해 활용한다고 한다. 예전에 이 회사는 제품 홈페이지에서 자동으로 주요 텍스트와 이미지를 추출해 20초 분량의 프로모션용 동영상을 만들 수 있는 동영상 편집 도구인 '알리우드(Aliwood)'를 만들어 공개하기도 했다.

AI 생성 콘텐츠의 윤리적 고려 사항과 한계

그러나 이런 AI 생성 콘텐츠의 활용에는 몇 가지 고려해야 할 사항이 있다. 첫째, AI 생성 콘텐츠의 진정성과 윤리성에 대한 우려가 존재한다. 브랜드는 AI 생성 콘텐츠를 활용하더라도 브랜드 정체성과 일관성을 유지해야 하며, 고객과의 진정한 소통을 위해 노력해야 한다. AI가 생성한 개인화된 메시지라도 브랜드의 가치관과 메시지가 반영되어야 하며, 고객을 속이거나 오해를 불러일으키는 내용은 피해야 한다.

둘째, AI 생성 콘텐츠의 한계를 인지하고 이를 보완할 수 있는 전략이 필요하다. AI가 아직 인간의 창의성과 감성을 완전히 대체하지 못하기 때문에, 인간 크리에이터와의 협업을 통해 시너지 효과를 창출할 수 있다. 동영상 광고의 주 모델인 유명 인사들은 직접 영상에 출연한다. 그러나 비중이 적은 보조 출연자 역할에는 AI가 만들어 낸 이미지가 활용되는 경우가 많은데 어색한 면이 보인다. 아직은 AI가 초안을 생성하고 인간 크리에이터가 이를 보완하거나 최종 검수하는 형태로 협업해야 한다.

또한 관련 연구 동향을 지속적으로 모니터링하며 AI 생성 콘텐츠의 효과, 윤리성, 규제 등에 대한 이해를 높여야 할 것이다. 이를 통해 브랜드는 AI 기술의 장점을 최대한 활용하되, 그 한계와 윤리적 고려 사항을 균형 있게 인지하고 대응해 나갈 수 있어야 할 것이다.

참고문헌

강태구(2024). 광고와 마케팅. AI는 당장 필요한가, 한국광고주협회 KAA저널 2024 봄호, pp.28-30.

박활빈 · 박민아(2024). 생성형 AI 기술이 바꾸는 광고PR의 현재와 미래, ≪한국광고홍보학회 광고연구≫ 2024년 봄 140호, pp.118-148.

서울경제(2024.1.17). 올해 롯데 신년광고, 생성형AI가 만들었다.

연합뉴스(2024.4.1). 코바코, 광고 스토리라인 생성 서비스 공개.

이데일리(2023.2.26). '광고문구도 AI가'…현대百, 업계 최초 AI 카피라이터 도입.

전자신문(2018.7.4.). [국제] 中알리바바, 인공지능(AI) 카피라이터가 초당 2만줄 카피 작성.

IoTnews(2016.6.6). モンデリーズ、「クロレッツ ミントタブ」で人間 VS 人工知能のCM制作対決。
AIがクリエイティブ領域に進出.

PRWeek(2024.2.6). How PR is moving from experimenting to implementing with generative AI.

04
AI와 동영상 광고

AI 기술을 활용한 동영상 광고가 급속히 발전하고 있으며, 딥페이크와 디에이징 기술을 통해 과거 유명 배우의 모습을 재현하는 사례도 있었다. 생성형 AI 기반 광고 제작 앱은 소상공인에게 비용 절감과 효율성을 제공하는 한편, AI의 악용 사례도 발생하고 있어 주의가 요구된다. 광고 산업은 AI와 인간의 창의성을 융합하는 방향으로 나아가야 할 과제가 있다.

AI 기술의 진화와 동영상 광고의 새로운 시대

TV를 켜니 흑백 화면에 낯익은 이름의 젊은 여배우가 쇼 프로그램에 등장해서 당찬 미래의 포부를 밝히며 나답게, 아름답게 살고 싶다고 이야기한다. 그런데 잠시 후 현재 모습의 나이 든 그 유명 배우가 출연하면서 카피(나름답게)와 브랜드를 노출시킨다. 모 생명보험회사의 사명 변경 광고이기도 했던 이 광고는 처음에는 세간에 그리 큰 반향을 주지는 못했다. 대부분의 시청자는 그 유명 여배우의 젊은 시절을 비슷한 대역이 표현한 것으로 생각할 수 있었을 것이다. 그런데 어딘지 모르게 닮은 모습이다. 광고주는 광고가 집행되고 한 달이 지난 후 언론을 통해 그 젊은 배우는 AI가 만들어 낸 그 유명 배우의 20대 시절 모습이라고 보도했다. 소위 AI의 딥러닝(Deep learning)과 디에이징(De-aging) 기술을 활용해 만들어 낸 실제 여배우의 젊은 시절이라고 한다. 결국 브랜드보다 새로운 기술이 더 광고된 광고로 바뀌는 순간이었다. 이전부터 알고 있던 CG(Computer Graphic)와 무엇이 다를까 생각하며 많은 사람이 관심을 가지게 되었고, 그렇게 AI를 활용한 동영상 광고가 차츰 우리나라 광고 소비자의 일상에 파고들기 시작했다. 이 일이 있고 10개월이 지난 어느날 세간에 더 큰 파장이 일어나는 사건이 발생한다. 모 케이블 방송사에서 30여 년 전에 방송된 〈전원일기〉라는 드라마의 한 출연자를 고인이 된 지 2년 만에 당시 함께 출연하던 동료와 시청자 앞에 밝은 모습으로 출연시킨 것이다. 시청자들에게 '응삼이'로 알려진 배우가 역시 AI의 딥페이크(Deepfake) 기술을 통해 시청자 앞에 나타났다. 그의 자연스러운 모습과 대화에 반가우면서도 섬뜩하다고 표현한 시청자들이 많았다고 한다. 딥페이크란 AI 기술인 딥러닝과 '가짜'를 의미하는 단어인 페이크(fake)의 합성어로, AI 기술을 이용해 진위 여부를 구별하기 어려운 가짜 이미지나 영상물을 뜻한다. 이런 AI 기술과 관심이 결국 AI 동영상 광고의 발전을 가속화시키고 있다고 해도 과언은 아니다.

옥창희 등은 ASAP(AI-driven Service for Advertisement Production)라는 애플리케이션을 생성형 AI 기반 광고 이미지 자동 제작서비스로 추천하면서, 이 앱은 GPT-3.5 Turbo Instruct를 이용해 사용자가 입력한 키워드에 적합한 배경 분위기와 홍보 문구(카피)를 생성할 수 있다고 했다(Ok et al., 2024). 여기에 배경 이미지와 텍스트 이미지를 생성하기 위해 오픈AI사의 달리 3(DALL · E 3) 모델과 스태빌리티 AI(Stability AI)사의 SDXL 모델을 활용한다고 하면서, 추가로 OCR(Optical

Character Recognition) 기술을 활용해 텍스트 이미지의 정확도를 높이고, 생성된 출력물들을 모두 합성해 최종적인 광고를 제작할 수 있다고 제언했다. 특히 이 앱은 광고 제작에 많은 어려움을 겪는 소상공인들에게 광고를 쉽고 편리하게 제작할 수 있고, 광고 제작 비용을 절감하는 효과를 제공한다고 했다. 새로우면서 저렴한 비용에 활용할 수 있는 AI 동영상 제작 기술이 나날이 탄생하고 발전하는 모습을 보여 주고 있다.

AI 동영상 광고의 효과와 미래: 기회와 도전

이런 AI를 통해 만든 동영상 광고의 효과에 대해서는 다양한 의견이 제시되고 있다.

카푸어와 쿠마르는 맞춤형 동영상 광고의 효과에 관해 실험하고 그 결과를 정리했는데, 메타가 운영하는 인스턴트 메신저인 왓츠앱에서 친환경 지속 가능한 제품을 판매하는 D2C 전자상거래 브랜드의 모바일 광고 타기팅 필드 실험을 실행했다(Kapoor & Kumar, 2023). 생성형 AI 기반 개인화 비디오 광고, 개인화된 이미지 광고, 개인화되지 않은 일반적인 비디오 광고를 피실험자에게 노출시키고 그 효과를 분석했다. 연구 결과 생성형 AI 기반 개인 맞춤형 비디오 광고가 비교 기준선(개인화된 이미지 광고, 개인화되지 않은 일반적인 비디오 광고) 대비 6~9%p만큼 효과(참여)를 증가시킨다는 것을 보여 주었다. 이러한 성과는 성별 및 위치와 같은 소비자 인구통계 전반에서 강력하게 나타나고 있으며, 이는 곧 생성형 AI 기반 개인 맞춤형 광고 캠페인이 상당한 비용 절감 및 생산성 향상 효과를 보여 주는 것이라고 했다.

왕 등도 AI를 활용한 영상광고 제작의 효율성과 효과에 대해 이야기하고 있는데, 단편 영상광고에서 AI가 생성한 음성에 초점을 맞추고 AI 음성 해설과 인간 음성 해설에 대한 소비자의 선호도와 음성 해설과 자막 가용성 간의 상호작용을 탐구했다(Wang et al., 2024). 소위 틱톡의 효과에 관한 연구를 한 것으로 보인다. 단편 영상의 경우 AI의 목소리보다는 인간의 목소리가 더 선호되고, AI를 활용해 자막을 넣으면 동영상 몰입 효과가 더 높다는 결론을 제시하고 있다.

한편 에디리위라 등은, 딥러닝 알고리즘 등의 AI 기술을 활용한 광고는 광고 소비자로부터 신뢰가 높은 편이지만, 광고 소비자가 딥러닝 알고리즘 기술에 대해 사전에 이미 알고 있었다면 광고에 대한 긍정적 신뢰의 영향을 약화할 수 있다는 연구 결과를 제시해 AI 기술이 들어간 광고의 신뢰성에 대한 소비자의 경계를 우려하기도 했다(Ediriweera et al., 2024). AI 기술에 대한 거부감이나 낯섦이 광고에 대한 신뢰성 하락으로 이어지지 않도록 경계해야 할 것으로 보인다.

위 도입에서도 언급했으나 AI를 활용한 동영상 광고의 역사는 얼마 되지 않았다. 인간의 역사에 비하면 아주 미미한 시간이지만, 그 발전의 속도는 두려움을 느끼게 할 수준이다. 그러나 관련 테크업계에서는 아직도 갈 길이 멀다고 한다.

윤종영(2024)은 '동영상 생성형 AI는 광고 산업을 어떻게 바꿀까?'라는 질문에 크게 세 가지로 답했다. 첫째, AI는 광고 제작의 모습을 크게 바꿀 것이다. 비용 절감과 생산성 향상이 가능하고, 또한 고도의 맞춤형 광고 제작이 가능할 것으로 보고 있다. 둘째, 동영상 생성 AI의 명과 암이 교차할 것이다. 밝은 면으로는, 대체로 효율성과 창의성이 현저히 향상할 것으로 보았으며, 어두운 면으로는 인간의 창의적 감각과 감성을 완벽히 대체하기에는 한계가 있을 수밖에 없을 것이고, 저작권과 개인정보 보호 등 다양한 규제의 문제도 신중히 고려해야 할 것이라고 했다. 셋째는, 그래도 생성의 시대로 접어들고 있으며 AI는 창작 활동의 파트너라고 하면서, AI의 감성적 한계를 극복하고 인간의 창의성을 적절히 융합하는 것이 바로 광고 산업의 과제라고 제시했다.

AI 동영상 광고의 위험과 윤리적 과제: 기술의 악용을 경계하라

필자는 여기에 한 가지만 더 추가하고 싶다. AI 동영상 광고 기술의 악의적 활용을 경계해야 한다. 2024년 초 유명 연예인들의 얼굴을 합성한 딥페이크 기술로 투자 유치 광고를 제작해 많은 피해자가 나타난 금융 사기 사건이 발생했다. 물론 해당 연예인들은 그런 광고 영상을 촬영한 적이 없다고 한다. 그러나 이 또한 세계적인 추세다. 투자자의 자금 회수가 요원하고, 연예인들의 초상권 침해 문제 역시 당사자가 어떤 피해를 보았는지 명확하게 입증하기가 쉽지 않다. AI 동영상 광고 기술을 활용한 일종의 보이스 피싱인 셈이다. 소비자들의 큰 주의가 필요하다.

AI를 활용한 동영상 광고는 결국 광고주나 대행사의 입장에서 효과성을 유지하면서 제작 비용의 최소화에 초점을 맞추는 방향으로 발전하고 있다. 어찌 보면 비용 대비 편익의 극대화라는 당연한 이야기의 근거를 제시하기 위해 노력하는 모습을 보이는 것인지도 모르겠다.

참고문헌

디아이투데이(2024.3.20). 광고 업계에 물었습니다 "동영상 AI 소라, 어떻게 생각하세요?"

연합뉴스(2024.5.27). HSAD, 국내 최초 100% AI로 제작한 LG유플러스 광고 공개.

윤종영(2024.5.10). 동영상 생성형 AI는 광고 산업을 어떻게 바꿀까?, Cheil Magazine.

중앙일보(2023.1.31). 윤여정 배우의 20대 모습 복원 AI 딥러닝 기술 활용한 광고 화제.

한겨레(2023.2.6). 웅삼이와 사만다, 반가우면서 섬뜩해질 AI시대의 풍경.

한국경제(2024.2.22). "당했구나"…송혜교·조인성 영상 믿었는데 수백억 뜯겼다.

한국방송통신전파진흥원(2019), 딥페이크 기술의 빛과 그림자, 미디어 이슈&트렌드, 12월호.

Ediriweera, C., et al.(2024). AI-Driven Sustainable Video Marketing Strategies: Harnessing Deep Learning Algorithms to Sustainable Advertising Campaigns with Special Reference to the Education Industry, *Asian Journal of Marketing Management*, 3(1), pp.32-55

Kapoor, A. & Kumar, M.(2023). Generative AI and Personalized Video Advertisements, SSRN 4614118.

Ok, C. H, et al.(2024). Design and Implementation of Generative AI-based Advertising Image Production Service Application, *Journal of The Korea Society of Computer and Information*, 29(5), PP.31-38.

Wang, X., et al.(2024). The effectiveness of human vs. AI voice-over in short video advertisements: A cognitive load theory perspective, *Journal of Retailing and Consumer Services*, 81.

05
AI와 소셜미디어 광고

AI는 SNS 광고의 타기팅 정확도, 개인화, 캠페인 최적화를 혁신적으로 향상시키고 있다. 행동 및 맥락 기반 타기팅, 동적 크리에이티브 최적화 등을 통해 광고 효과를 극대화하며, 콘텐츠 제작과 성과 분석에서도 중요한 역할을 한다. 그러나 AI 사용에는 윤리적 과제가 존재하므로, 마케터는 책임 있는 접근이 필요하다. AI가 이끄는 SNS 광고의 미래는 더 지능적이고 영향력 있는 전략이 될 것으로 기대된다.

AI와 SNS 광고의 혁신: 디지털 마케팅의 새로운 시대

AI의 빠른 발전은 다양한 산업에 큰 영향을 미쳤으며, 그중 디지털 마케팅은 가장 크게 변화된 분야 중 하나다. 디지털 마케팅 내에서 소셜미디어(소셜 네트워크 서비스, Social Network Service, 이하 SNS) 광고는 AI를 활용해 더 효과적이고 효율적으로 대중에게 다가가는 강력한 도구로 자리 잡았다.

페이스북, 인스타그램, X(구 트위터), 링크드인, 틱톡, 카카오톡, 라인과 같은 SNS는 전 세계 수십억 사람들의 삶에 필수적인 부분이 되었다. 이러한 플랫폼은 방대한 사용자 데이터를 제공해 광고주가 특정 인구통계에 정밀하게 도달할 수 있게 만든다. 김재휘 등은 SNS의 접속 빈도가 광고의 확산에 영향을 미치고 있다고 하며, 한편으로는 사회적 영향력을 높게 지각하는 집단이 그렇지 않은 집단에 비해 광고에 대해 더 긍정적인 효과가 나타난다고 했다(김재휘 외, 2013). 필자도 이전의 연구에서, 기업이 SNS에 노출한 브랜드 정보의 품질성, 흥미성, 접근성, 상호작용성 등에 미디어 인게이지먼트(Media Engagement, 이하 인게이지먼트)가 매개된다면 브랜드 인게이지먼트에 영향을 미친다는 것을 확인했고, 이를 통해 브랜드에 대한 신뢰는 미디어와 브랜드 각각의 인게이지먼트에 따라 조절될 수 있다는 것을 제시했다(이윤우 외, 2015).

이런 SNS 플랫폼이 성장함에 따라 광고하려는 노력을 관리하고 최적화하기 위한 정교한 도구의 필요성도 증가했다. 어떤 SNS에서는 AI를 직접 활용할 수 있는 서비스를 개발하기도 했으며, 최근에는 AI로 만든 '가상인간' 광고 모델이나 인플루언서가 SNS에서 활약할 수 있는 서비스를 시작했다. AI는 이러한 다양한 정교함을 주도하는 핵심 기술로서, 마케터가 SNS 광고의 복잡성을 더 쉽고 효과적으로 탐색할 수 있도록 돕고 있다.

AI 기반 SNS 광고 혁신: 타기팅, 개인화 및 캠페인 최적화

AI 기반 타기팅

AI가 SNS 광고에 기여하는 중요한 요소 중 하나는 타기팅 정확도를 향상시키는 능력이다. AI 알고리즘은 사용자가 SNS 플랫폼에서 생성한 방대한 데이터를 분석해 관심사, 행동 및 상호작용을 포함한 패턴을 식별하고 특정 광고에 반응할 가능성이 높은 사용자를 예측한다.

– 행동 타기팅: AI는 과거 행동을 분석해 미래 행동을

예측할 수 있다. 사용자가 피트니스 관련 콘텐츠에 자주 참여하는 경우, AI는 해당 사용자에게 운동 기구나 건강 보조 식품 광고를 타기팅할 수 있다. 이러한 예측 능력은 지속적으로 학습하고 새로운 데이터에 적응하는 머신러닝 알고리즘에 의해 강화되어 시간이 지남에 따라 타기팅의 정확도를 높이고 있다.

–맥락(Contextual) 타기팅: AI는 또한 광고를 사용자가 가장 공감할 수 있는 상황에 배치할 수 있다. 게시물, 이미지, 동영상 등의 콘텐츠를 분석해 문맥(맥락)적으로 관련성이 높은 순간에 광고를 노출시켜 사용자 참여 가능성을 높인다. 최근에는 필자가 며칠 전 출간한 『혁신적 포용국가 대한민국 미래 VISION 2045 PR Campaign 기획』이 SNS의 뉴스 기사 구독 중 배너 광고로 노출되어 놀라움과 반가움을 동시에 느낀 적이 있었다. 관심 키워드로 포용, 대한민국, 미래 비전 등을 활용한 경우가 많았는데, 이를 AI가 감지하고 출판사가 구매한 SNS 공간에 관련 상품을 노출시킨 것이다.

대규모 개인화

개인화는 효과적인 광고의 핵심 요소로 자리 잡았다. AI는 마케터가 개별 사용자에게 깊이 공감할 수 있는 맞춤형 광고 경험을 생성할 수 있도록 한다. 전통적인 마케팅에서는 개인화가 넓은 세그먼트(그룹화, Segment)로 제한되었지만, AI는 개별 수준의 개인화를 가능하게 한다.

—동적 크리에이티브 최적화(Dynamic Creative Optimization, DCO): AI는 동적 크리에이티브 최적화를 가능하게 해 사용자 데이터에 따라 광고 콘텐츠를 자동으로 조정한다. 여행사는 AI를 사용해 사용자의 이전 여행 기록, 검색 행동 또는 현재 위치를 기반으로 다른 목적지를 보여 주는 맞춤형 광고를 생성할 수 있다. 이는 각 사용자가 가장 관련성 높은 광고를 보게 해 전환 가능성을 높인다.

—콘텐츠 개인화: AI는 게시물이나 댓글 등 사용자 생성 콘텐츠를 분석해 개인의 선호도와 감정을 이해할 수 있다. 이 데이터는 광고 콘텐츠뿐만 아니라 어조, 언어, 스타일도 개인화하는 데 사용되어 광고를 더 친근하고 공감할 수 있게 만든다.

AI를 활용한 콘텐츠 제작

SNS에 노출될 흥미로운 광고 콘텐츠를 제작하는 것은 상당히 창의적인 노력이 필요하다. 하지만 어떤 면에서는 시간 소모적인 과정이 될 수도 있다. AI는 콘텐츠 제작을 자동화해 균일한 품질의 광고를 대규모로 생성할 수 있게 함으로써 이 분야에서 혁신을 가능하게 하고 있다.

—AI 생성 카피라이팅: 오픈AI의 GPT 모델과 같은 도구는 특정 프롬프트나 지침에 따라 광고 카피를 생성할 수 있다. 이러한 도구는 사용자 타깃의 선호도와 브랜드의 목소리에 맞춘 텍스트를 작성할 수 있을 뿐만 아니라 문법적으로 정확하고 일관된 텍스트를 생성할 수 있다. 이는 콘텐츠 제작 과정을 가속화하고 여러 버전의 광고 카피를 빠르게 테스트할 수 있게 한다. 인수봉은 챗GPT가 특정 시인의 시풍을 분석하고 재창작할 수 있으며, MZ세대의 특수성을 이해하는 매개체로 작동할 수 있다는 것을 확인하기도 했다(인수봉, 2023).

—시각 콘텐츠 제작: AI는 시각적 콘텐츠 제작에도 도움을 줄 수 있다. SNS 기반 디자인 도구는 레이아웃, 색상 및 이미지를 다르게 조합해 여러 가지 광고 변형을 생성하고, 이를 데이터에 근거해 최적화한다. 이정선은 AI의 디자인에 대한 인간의 감정 분석 결과를 매우 긍정적이라고 했다(이정선, 2023). 이는 브랜드가 다양한 시각적 접근 방식을 실험하고, 어떤 것이 가장 효과적인지 빠르게 결정할 수 있게 한다.

캠페인 최적화 및 성과 분석

AI는 SNS 광고 캠페인을 최적화하고 실시간으로 성과를 분석하는 데 중요한 역할을 한다. 전통적인 광고는 상당한 추측과 수동 조정이 필요했지만, AI는 이전에는 달성할 수 없었던 수준의 정밀도와 자동화를 도입했다.

—자동 입찰 전략: AI 기반 입찰 알고리즘은 실시간으로 입찰을 자동 조정해 광고 성과를 극대화할 수 있다. 이러한 알고리즘은 전환 가능성, 경쟁 상황, 예산 제한 등 다양한 요소를 고려해 올바른 사용자에게 올바른 시점에 적절한 비용으로 광고를 보여 준다.

—A/B 테스트 및 다변량 분석: AI는 여러 변수를 동시에 분석해 더 효율적이고 효과적인 A/B 테스트(A 또는 B의 두 가지 비교)를 가능하게 한다. AI는 카피, 시각적 요소, 타기팅 및 타이밍과 같은 요소를 고려해 어떤 버전의 광고가 가장 잘 수행되는지 빠르게 파악할 수 있다. 이를 통해 마케터는 캠페인을 지속적으로 최적화할 수 있는 것이다.

—예측 분석: AI 기반 예측 분석 도구는 캠페인을 시작하기 전에 잠재적인 성과를 예측할 수 있다. 이러한 도구는 축적된 데이터를 분석하고 트렌드를 식별해 어떤 전략이 가장 좋은 결과를 낼 가능성이 높은지 예측할 수

있다. 이를 통해 마케터는 더 나은 결정을 내릴 수 있을 것이다.

AI가 이끄는 SNS 광고의 미래: 혁신과 윤리적 과제

AI는 SNS 광고를 확실히 변화시키고 있으며, 타기팅 정확도, 개인화 및 캠페인 최적화를 전례 없이 향상시키고 있다. AI의 힘을 활용해 마케터는 더욱 참여도 높고 관련성이 있으며 효과적인 광고를 만들어 브랜드와 소비자 모두에게 더 나은 결과를 제공한다. 그러나 AI를 광고에 사용하는 것에는 중요한 윤리적 과제도 수반되며, 이를 신중하게 관리해야 한다. AI가 계속 진화함에 따라 마케터는 AI의 능력을 활용하면서도 책임 있고 윤리적인 실천을 보장하는 균형을 맞추는 것이 중요하다. 이런 문제들을 해결해 가면 AI가 이끄는 SNS 광고의 미래는 더 지능적이고 영향력 있는 전략으로 광고와 테크업계를 이끌어 갈 수도 있을 것이다.

참고문헌

길운 · 윤태수(2024). 생성형 AI 기반 가상 인플루언서 제작 및 활용 – 인스타그램 SNS 마케팅 활용 사례 중심으로 –

≪한국콘텐츠학회 2024 종합학술대회 자료집≫.
김재휘 외(2013). 소셜 네트워크의 확산적 광고효과와 사회적 영향력에 관한 연구, ≪마케팅연구≫, 28(2), pp.173-196.
매드타임스(2020.2.6). 콘텐츠 A/B테스트 결과: 리뷰 소구 vs 기능 소구.
아시아투데이(2024.5.6). 이제 SNS도 인공지능… 인스타·X·틱톡 '생성형 AI' 잇단 도입.
이윤우 외(2015). 브랜드 SNS의 특성이 미디어 인게이지먼트를 매개로 브랜드 인게이지먼트에 미치는 영향, ≪마케팅논집≫, 23(3), pp.53-76.
이정선(2023). 텍스트마이닝을 활용한 인공지능 디자인에 대한 SNS 이용자 인식에 관한 연구, ≪멀티미디어학회 논문지≫, 26(1), pp.67-74.
인수봉(2023), 챗GPT를 이용한 SNS 시의 생성 가능성 연구: 하상욱 시와 미디어에 반영된 MZ세대론을 중심으로, 세명대학교 인문사회과학연구소, ≪인문사회과학연구≫, 31(4), pp.301-326.
한국경제(2024.5.28). 아무리 비싸도 50만원이면 돼요…SNS 광고 모델의 실체.

06
AI 기반 캠페인 최적화

애플은 광고 AI 도구를 개발해 앱 스토어 광고 캠페인을 최적화하고 자동화할 계획이다. AI는 데이터 분석, 타기팅, 개인화, 자동화 등을 통해 광고 캠페인의 효율성과 효과를 극대화할 수 있다. 실시간 데이터 분석과 고객 행동 예측으로 맞춤형 광고를 제공하며, 자동화된 광고 소재 생성 및 캠페인 최적화를 통해 마케팅 리소스를 효율적으로 활용할 수 있다. AI 기술의 발전으로 다양한 광고 캠페인의 가능성은 더욱 확대될 전망이다.

AI 기반 광고 혁신: 애플의 새로운 광고 도구와 디지털 캠페인의 미래

애플은 2024년 광고 비즈니스 수익을 올리기 위해 광고 AI 도구 개발에 착수했다. 애플의 새로운 AI 기반 도구는 앱 스토어 광고 캠페인을 최적화하고 광고 배치 등을 자동화한다고 한다. 광고 형식은 '당신도 좋아할 만한' 광고, '오늘' 탭에 표시되는 광고 등 두 유형으로 구분된다고 한다. 거대한 캠페인용 미디어가 하나 더 늘어날 것 같다. 디지털 시대에 광고는 점점 더 복잡해지고 있으며, 소비자들의 관심을 끌기 위해서는 더욱 정교한 전략이 필요하다. 이러한 환경에서 AI는 광고 캠페인의 혁신과 효율성, 효과를 극대화하는 데 중요한 역할을 하고 디지털 광고의 경계를 넓힐 것으로 보인다. 박현길은 AI를 활용한 광고 캠페인 최적화가 데이터 분석, 타기팅, 개인화, 자동화 등의 다양한 측면에서 혁신을 가져오고 있다고 했다(박현길, 2022).

AI 기반 광고캠페인 최적화: 데이터 분석, 타기팅, 자동화의 혁신

데이터 분석과 인사이트 도출

AI는 방대한 양의 데이터를 실시간으로 분석해 소비자

행동, 선호도, 트렌드를 파악할 수 있다. 이를 통해 광고주는 더욱 정확하게 타기팅한 맞춤형 메시지를 전달할 수 있다. 이효정 등은 딥러닝과 오피니언 마이닝을 이용한 광고 효과 분석 시스템을 설계했는데, 정제된 리뷰 데이터를 기반으로 광고 효과를 분석해 신뢰성을 향상시키며, 반어법 규칙을 고려해 리뷰 데이터의 잘못된 의미 도출을 방지한 실험 결과 80%의 정확도로 상업성 리뷰 데이터를 정제함을 확인했다(이효정 외, 2017). 반어법 검출 알고리즘을 통해 반어법이 사용된 문장을 검출할 수 있음을 확인한 것이다. 이런 머신러닝 알고리즘은 고객의 구매 패턴을 분석해 가장 효과적인 광고 전략을 제안할 수 있다. 이를 활용하는 방법에는 실시간 데이터 분석, 고객 행동 예측 등이 있다.

－실시간 데이터 분석: AI 알고리즘을 통해 광고 성과 데이터를 실시간으로 모니터링하고 분석할 수 있는데, 이를 통해 캠페인 변수를 즉시 조정해 최적화할 수 있다. 이아름 등은 SNS 환경에서의 지능형 실시간 광고 효과 분석 시스템을 설계했는데, 이 시스템은 사용자의 반응을 수집한 데이터로부터 스스로 학습해 점차 지능화하는 방향으로 확장하며, 이를 통해 정확도와 신뢰도가 점차 높아지고 추론이 가능한 시스템이 될 것으로 기대했

다(이아름 외, 2014).

−고객 행동 예측: AI 기술을 활용해 고객의 관심사, 구매 패턴, 반응 등을 분석하고 예측할 수 있는데, 이를 통해 더 정확한 타기팅과 개인화된 광고 전략을 수립할 수 있다. 김준규 등은 SNS 정보를 활용한 실시간 식당 사용자 패턴을 분석했는데, 온라인 추천 시스템은 현재 넓은 범위에 걸쳐 지능화되고 있다고 제시하면서, 실시간 데이터의 수집과 분석을 통해 시간대, 요일, 전체 언급량, 외부 요인에 따른 변동 특성에 대한 다양한 분석 결과를 도출할 수 있다고 했다(김준규 외, 2019).

타기팅과 개인화

AI는 소비자 데이터를 기반으로 세분화된 타기팅을 가능하게 한다. 이를 통해 광고주는 특정 고객 그룹에 맞춤형 광고를 제공할 수 있으며, 이는 광고의 효과를 극대화할 것이다. AI는 고객의 온라인 행동을 분석해 그들이 관심을 가질 만한 제품이나 서비스를 추천할 수 있다. 이재영과 진범섭은 생성형 AI를 활용한 초개인화 마케팅 자동화 시스템의 효과성 탐색을 위해, 초개인화 마케팅 실무자들을 대상으로 생성형 AI에 대한 핵심 그룹 면담을 실시한 결과 대량의 검색 키워드 분류에서 시간적 효율성이 크게 향상됨을 확인했고, 생성된 콘텐츠가 소비자의 의도를 더욱 정확하게 반영해 만족도가 높다는 평가를 받았다고 했다(이재영 · 진범섭, 2024). 초개인화 마케팅 자동화 시스템은 기존 생성형 AI 모델들의 한계를 극복하고 초개인화 마케팅 전략 개발에 크게 기여할 것으로 예상된다. 이를 활용하는 방법에는 타기팅 최적화와 개인화 광고 등이 있다.

—타기팅 최적화: AI는 방대한 데이터 분석을 통해 광고 대상 고객을 세분화하고 정교하게 타기팅할 수 있다. 고객의 관심사, 행동 패턴, 인구통계학적 특성 등을 분석하고 최적의 타깃 고객을 선별할 수 있다. 이를 통해 마케팅 리소스를 효율적으로 배분하고 광고 효과를 극대화할 수 있다.

—개인화 광고: AI는 개인화된 광고 콘텐츠를 자동으로 생성하고 제공할 수 있다. 고객의 과거 행동 데이터, 관심사, 구매 패턴 등을 분석하면 개인에게 맞춤화된 광고 메시지를 제공할 수 있게 되고, 이를 통해 고객 경험을 향상하고 광고 효과를 높일 수 있다.

자동화와 효율성

AI는 광고 캠페인의 여러 요소를 자동화해 효율성을 높일 수 있다. 이메일 마케팅, SNS 게시물, 광고 배너 등의 반복적인 작업을 자동화함으로써 마케터는 더 전략적인 업무에 집중할 수 있게 된다. 또한 AI는 실시간으로 광고 성과를 모니터링하고 필요에 따라 캠페인을 조정할 수 있다. 이를 활용하는 방법에는 광고 소재 자동 생성, 광고 캠페인 자동화 등이 있다.

—광고 소재 자동 생성: AI 기술을 활용해 광고 이미지, 동영상, 텍스트 등의 소재를 자동으로 생성할 수 있다. 이를 통해 광고 제작 시간과 비용을 크게 절감할 수 있다. 또한 개인화된 광고 소재를 신속하게 생성해 고객 경험을 향상할 수 있다. 2023년 KT는 자체 마케팅 솔루션 올잇(All it)에 챗GPT를 활용해 광고 소재 자동 생성 기능을 출시했다고 발표했다. 이 솔루션은 주요 매체 연동을 기반으로 데이터 맞춤 분석부터 광고 소재 편집과 협업까지 마케터의 업무 효율을 높여 줄 수 있다. 마케터는 상세 광고 효과를 분석할 필요 없이 AI가 요약한 광고 효과를 확인할 수 있다.

—광고 캠페인 자동화: AI는 광고 캠페인의 타기팅, 예산 배분, 최적화 등 다양한 과정을 자동화할 수 있다. 실시간 데이터 분석을 통해 광고 성과를 지속적으로 모니터링하고 최적화할 수 있다. 이를 통해 ROI를 극대화

할 수 있을 것이다. 국내 최초 빅데이터 광고 플랫폼을 론칭했던 인라이플(ENLIPLE)사는 '모비온 3.0'이 AI 머신러닝 기술을 기반으로 사용자의 관심사, 행동 패턴 등을 분석한 고객의 빅데이터를 활용해 초개인화 맞춤 광고가 가능한 셀프 서빙 광고 플랫폼이라고 소개했다. 셀프 서빙이란 광고 캠페인을 AI가 스스로 세팅하고 자동화를 돕는 기능을 말한다. 카피 문구 추천 및 효과 측정 등 광고 세팅과 효율의 최적화를 위한 자동화 기능이 강화된 광고 플랫폼이다.

예측 분석과 최적화

AI는 예측 분석을 통해 광고 캠페인의 성과를 예측하고 최적화할 수 있다. AI는 과거 데이터를 분석해 특정 광고가 얼마나 효과적일지를 예측하고, 이를 바탕으로 예산을 효율적으로 배분할 수 있다. 이는 광고 비용을 절감하고 ROI를 극대화하는 데 도움이 된다. 이를 활용하는 방법에는 다음과 같은 것들이 있다.

–광고 성과 예측: AI 기술을 활용해 광고 캠페인의 성과를 정확하게 예측할 수 있다. 과거 데이터 분석을 통해 광고 노출, 클릭, 전환 등의 지표를 예측하고, 이를 통해 광고 예산 배분, 타기팅, 최적화 등을 효과적으로 수

행할 수 있다.

-고객 행동 예측: AI는 고객의 과거 행동 데이터를 분석하여 미래 구매 패턴, 이탈 가능성 등을 예측할 수 있다. 이를 통해 개인화된 광고 메시지와 타기팅을 제공할 수 있으며, 또한 광고 예산 배분과 캠페인 최적화에 활용할 수 있다.

-실시간 모니터링 및 최적화: AI는 광고캠페인의 실시간 성과 데이터를 분석하여 지속적으로 최적화할 수 있다. 광고 노출, 클릭, 전환 등의 지표를 실시간으로 모니터링하고 최적화할 수 있다.

-자동화된 예산 관리: AI는 광고 예산을 실시간으로 모니터링하고 최적화할 수 있다. 광고 성과예측을 바탕으로 예산을 자동으로 배분하고 조정할 수 있다. 이를 통해 광고효과를 극대화하고 예산 낭비를 방지할 수 있다.

AI 기술을 통한 광고 캠페인 최적화: 효율성과 효과 향상

AI 기반 광고 캠페인 최적화는 광고주의 목표 달성을 위한 강력한 도구다. 데이터 분석, 타기팅, 자동화, 예측 분석 등의 AI 기술을 활용하면 광고 캠페인의 효율성과 효과를 크게 향상할 수 있다. 앞으로도 AI 기술의 발전과 함께 광고 캠페인 최적화의 가능성은 더욱 확대될 것이다.

참고문헌

김준규 외(2019). SNS 정보를 활용한 실시간 식당 사용자 패턴 분석, ≪한국지능시스템학회 논문지≫, 29(6), pp.458-463.

매드타임스(2023.7.5). AI 광고 플랫폼 모비온 3.0, 캠페인 직접 세팅 및 자동화 돕는 '셀프 서빙' 기능 강화.

매드타임스(2024.7.26). 광고에서 AI가 어떻게 활용될까?

매일경제(2024.3.12). 애플 70억달러 AD 비즈니스 수익 높여라…광고 AI 도구 개발.

박현길(2022). 마케팅의 도구 인공지능(AI), ≪한국마케팅연구원 마케팅≫, 56(5), 통권 640호, pp. 40-49.

이아름 외(2014). SNS 환경에서의 지능형 실시간 광고 효과 분석 시스템 설계, ≪2014년 한국컴퓨터종합학술대회 논문집≫, pp.1717-1718.

이재영 · 진범섭(2024). 생성형 인공지능을 활용한 초개인화 마케팅의 자동화 시스템의 효과성 탐색: 향후 방향성과 전략적 시사점, ≪한국디지털콘텐츠학회 논문지≫, 25(3), pp.823-832.

이효정 외(2017). 딥러닝과 오피니언 마이닝을 이용한 광고 효과 분석시스템 설계, ≪2017년 한국소프트웨어종합학술대회 논문집≫, pp.2077-2079.

NEWSIS(2023.10.30). KT플레이디, 챗GPT로 광고 소재 자동 생성.

07
AI 기반 광고 플랫폼과 도구

AI는 광고 산업에 혁신을 가져오고 있으며, 데이터 분석과 소비자 행동 예측을 통해 광고 전략을 효율적으로 최적화하고 있다. 구글 애즈, 메타 애즈, 어도비 애드버타이징 클라우드 등 다양한 기성 플랫폼이 AI를 활용해 개인화된 광고를 제공하고, 광고 성과를 실시간으로 조정할 수 있도록 서비스하고 있다. 이러한 기술은 광고주들이 더욱 정교한 마케팅 전략을 수립할 수 있게 도와주며, AI의 발전은 앞으로도 광고 산업의 방향성을 더욱 변화시킬 것으로 기대된다.

AI 기반 광고 플랫폼의 혁신과 발전

최근 몇년 사이 AI는 다양한 산업에 걸쳐 혁신을 가져오고 있으며, 광고 산업도 예외는 아니다. AI 기술은 광고 전략을 더 효과적이고 효율적으로 만들어 주는 도구로 자리 잡아 가고 있다. 대니얼 호커트(Daniel Hocutt)는 플랫폼이 인간과 비인간 AI 에이전트가 함께 작업하는 디지털 공간으로 설정되고 기계 학습과 인공지능의 활동을 통해 질서정연하게 추진력이 형성된다고 했다(Hocutt, 2024). 또한 소비자 중심의 디지털 광고의 개념과 인간 중심의 생성형 AI와의 파트너십 등의 중요성도 제시하고 있다. 이런 AI 기반 광고 플랫폼과 도구는 데이터 분석, 소비자 행동 예측, 개인화된 광고 생성 등 다양한 기능을 제공해 광고주들이 더욱 정교한 마케팅 전략을 수립할 수 있도록 돕고 있다.

AI 기술은 광고 산업에서 여러 방식으로 활용된다. 그 중 가장 중요한 역할의 하나는 데이터 분석이다. 광고주는 방대한 양의 소비자 데이터를 수집하고 이를 분석해 소비자의 행동 패턴, 선호도, 구매 가능성을 파악한다. 이러한 데이터 분석은 광고 캠페인의 기초를 형성하며, AI 알고리즘은 이 데이터를 기반으로 소비자에게 가장 적합한 광고를 제공하는 것이다. 또한 AI는 고객 세분화에도 큰 역할을 한다. 전통적인 광고 방식에서는 소비자를 나이, 성별 등 간단한 기준으로 구분했지만, AI는 소비자의 행동 데이터와 관심사를 분석해 더욱 세밀한 세분화를 가능하게 한다. 특정 소비자가 자주 방문하는 웹사이트나 SNS에서의 활동을 분석하고 그들이 어떤 유형의 광고에 반응할 가능성이 높은지를 예측할 수 있다.

친과 장은, AI가 전통적인 광고 과정을 재구성하고 효율성은 높였지만, 이 새로운 과정은 여전히 기존 방식에서 발전한 것이지 새롭게 재설계된 것은 아니라고 주장했다(Qin & Jiang, 2019). 이들은 중국의 사례를 근거로 AI 기반의 새로운 광고 프로세스는 소비자 인사이트 발견, 광고 제작, 미디어 기획 및 구매, 광고 효과 평가라는 네 단계로 구성된다고 하면서, 이 과정은 데이터와 알고리즘을 기반으로 하며, 도구 기반, 동기화, 고효율성을 특징으로 한다고 제시하고 있다. 전통적인 방식으로 추진되는 중국 광고 시장의 높은 수요를 충족할 수 있다고 주장하며 AI 플랫폼의 도입을 권장하고 있다.

우리나라도 AI 플랫폼의 활용이 점차 늘어날 것으로 보인다. 네이버는 2024년 상반기에 플랫폼의 역량 강화에 집중했는데, 하반기에는 AI를 활용한 최적화와 자동화 구축을 중심으로 광고주 툴을 더욱 고도화해 편리한 광고 플랫폼으로 발전시켜 나갈 계획을 준비 중이라고 발표했다. HSAD도 국내 광고업계 최초로 통합 마케팅 AI 플랫폼을 상용화해 2024년 디지털 광고 제작 과정의 80%를 AI로 진행할 계획이라고 밝혔다.

이에 이런 AI의 기술을 잘 활용해 세계에서 가장 많이 회자되고 있는 몇몇 기성 AI 기반 광고 플랫폼들의 광고 사이트를 방문하고, 그들이 장점이라고 주장하는 내용과 경쟁 브랜드와 차별되는 사항을 정리해 보았다.

주요 AI 기반 광고 플랫폼의 기능과 특징

구글 애즈

구글 애즈(Google Ads)는 AI 기술을 활용해 광고 캠페인의 성과를 극대화하도록 설계되어 있으며, 구글의 머신러닝 알고리즘은 방대한 양의 검색 데이터를 분석해 가장 효과적인 키워드와 카피라이팅을 추천할 수 있다. 또한 광고주는 AI 기반의 자동 입찰(프로그래매틱) 기능을 통해 광고 예산을 최적화할 수 있는데, 이 기능은 특정 키워드에 대한 클릭률과 전환율을 기반으로 입찰가를 자동으로 조정해 광고주가 최대한의 ROI를 얻을 수 있도록 돕는다.

메타 애즈

메타 애즈(Meta Ads) 플랫폼은 AI를 통해 사용자 데이터를 분석하고 광고 타기팅 최적화가 가능하다고 하고, 사용자 행동, 관심사, 인구통계학적 정보를 기반으로 광고를 개인화해 서비스를 제공한다. 특정 제품에 관심이 있는 소비자에게 그 제품이 관련된 광고를 보여 줌으로써 클릭률을 높이고 전환율을 증가시키는 전략을 주로 사용하고, 또한 광고 성과를 실시간으로 모니터링할 수 있으며, AI를 활용해 광고 캠페인을 조정할 수 있는 기능을 제공한다.

어도비 애드버타이징 클라우드

어도비(Adobe)의 애드버타이징 클라우드(Advertising Cloud)는 AI 기반의 광고 관리 플랫폼으로, 전통적인 광고와 디지털 광고를 통합해 관리할 수 있는 기능을 제공한다. 어도비의 AI 기술인 센세이(Sensei)는 사용자의 행동 데이터를 분석해 최적의 광고를 자동으로 생성하며, 캠페인 성과를 분석해 실시간으로 조정할 수 있는 도구를 제공하고 있다. 이 플랫폼은 다양한 채널을 통해 소비자와의 접점을 확대하고, 개인화된 경험을 제공하는데 중점을 두고 있으며, 또한 데이터 기반의 인사이트를 제공해 광고주가 더 효과적인 결정을 내릴 수 있도록 지원한다.

다이나믹 애즈

다이나믹 애즈(Dynamic Ads)는 모바일 광고에 특화되어 있으며, 광고 콘텐츠를 자동으로 맞춤화할 수 있다고 강조한다. 제품 카탈로그와 사용자 행동 데이터를 결합해 개인화된 광고를 자동으로 생성하는 도구이며, 소비자가 웹사이트에서 탐색한 제품과 관련된 광고를 자동으로 생성한다. 소비자가 이전에 보여 준 관심에 따라 맞춤형 콘텐츠를 제공하며, 사용자가 특정 신발을 검색했을 경우 해당 신발과 유사한 다른 제품들을 보여 주는 광고가 생성된다. 이처럼 다이나믹 애즈는 소비자가 관심을 가질 가능성이 높은 제품을 자동으로 추천함으로써 광고의 효과를 극대화한다.

링크드인 애즈

링크드인 애즈(LinkedIn Ads)는 B2B 광고에 특화된 플랫폼으로, AI를 활용해 전문적인 네트워킹과 비즈니스 환경에 맞춤형 광고를 제공한다. 사용자의 직업, 산업, 회사 규모 등을 기반으로 타기팅을 세분화해, 기업은 더욱 정확한 대상을 겨냥한 광고 캠페인을 진행할 수 있다. AI는 사용자 행동 데이터를 분석해 광고 성과를 최적화하고 기업의 목표에 맞는 리드를 생성하는 데 도움을 준다.

아마존 애드버타이징

아마존은 온라인 쇼핑 플랫폼으로서, AI를 활용해 제품 추천 및 광고를 개인화한다. 아마존의 광고 플랫폼인 아마존 애드버타이징(Amazon Advertising)은 소비자의 검색 기록과 구매 이력을 분석해 가장 적합한 제품 광고를 제공한다. 이러한 개인화된 광고는 소비자의 구매 결정을 유도하고 판매를 촉진하는 데 기여한다. 아마존은 또한 광고 성과를 실시간으로 분석해 광고주가 즉각적으로 전략을 조정할 수 있도록 지원한다.

애드롤

애드롤(AdRoll)은 리타기팅 광고에 특화된 플랫폼으로, AI를 활용해 사용자 행동을 분석하고 맞춤형 광고를 제공한다. 소비자가 특정 제품을 웹사이트에서 탐색하면, 그와 관련된 광고를 다른 웹사이트나 소셜미디어에서 보여 준다. AI는 소비자의 행동 패턴을 분석해 가장 효과적인 광고를 선택하고, 광고 성과를 지속적으로 최적화한다.

AI 기반 광고 플랫폼의 미래 전망

AI 기반 광고 플랫폼과 도구들은 광고 산업에 새로운 방향을 제시하고 있다. 기존 직원이나 대행사 직원들이 하던 데이터 수집, 정리, 분석에서 속도와 정확성 등 효율성을 높이고, 소비자들의 개인화된 경험을 제시함으로써 브랜드들은 더욱 효과적인 마케팅 전략을 수립할 수 있다. 앞으로도 AI 기술의 발전이 광고 산업에 미치는 영향은 더욱 커질 것으로 예상된다. 소비자의 변화에 적절하게 대응하기 위해 광고주들은 AI를 활용한 광고 전략을 더욱 확대해야 할지도 모른다. 향후 AI 기술이 광고의 미래를 어떻게 변화시킬지 기대된다.

참고문헌

매드타임스(2024.8.13). HSAD, 국내 광고업계 최초로 통합 마케팅 AI 플랫폼 상용화, 올해 디지털광고 제작과정의 80%를 AI로 진행할 계획.

ZDNET Korea(2024.8.9). 네이버, AI로 광고·커머스 더 키워 플랫폼 역량 강화.

Adobe Advertising Cloud. https://business.adobe.com

AdRoll. https://www.adroll.com

Amazon Advertising. https://advertising.amazon.com

Dynamic Ads. https://www.adjust.com/glossary/dynamic-ads

Facebook Ads. https://www.facebook.com/business

Google Ads. https://ads.google.com

Hocutt, D.(2024). Composing with generative AI on digital advertising platforms. *Computers & Composition*, Mar 2024, Vol. 71.

LinkedIn Ads. https://business.linkedin.com/marketing-solutions/ads

Qin, X. & Jiang, Z.(2019). The Impact of AI on the Advertising Process: The Chinese Experience. *Journal of Advertising*, 48(4), pp.338-346.

08
윤리적 측면과 AI 광고

AI 광고의 윤리는 개인정보 보호, 편견, 투명성, 소비자 자율성, 공정 경쟁 등 여러 문제를 포함한다. AI의 발전 속도가 규제와 윤리를 따라가지 못할 우려가 있으며, AI 사용의 투명성과 책임이 강조된다. 광고업계와 학계는 자발적 노력을 통해 윤리 강령 개정 및 디지털 워터마크 도입을 논의 중이다. 공정하고 윤리적인 AI 광고 구현을 위해 사회적 논의가 필요하다.

AI 시대의 광고 윤리와 규제: 도전과 과제

일반적으로 윤리란 사람들이 지켜야 할 도리나 규칙을 의미한다. 이런 의미에서 보면 광고에서 윤리란, 광고하기 위해서 지켜야 할 도리나 규칙을 의미한다고 이야기할 수 있을 것이다. 함께 언급될 수 있는 것이 규제나 방향에 관련된 법일 것이다. 윤리가 생각이나 철학 등의 방향을 의미한다면, 법은 해야 할 것과 하지 말아야 할 것, 해도 되는 것 등 구체적인 방향을 제시하는 것으로 볼 수 있다. 국제상공회의소(International Chamber of Commerce's)에서는 일찍이 "광고와 마케팅 커뮤니케이션 코드(Advertising and Marketing Communications Code)"라는 규정을 만들었는데, 광고는 품위가 있어야 하고, 법적으로 하자가 없어야 하며, 정직하고, 진실해야 한다고 가장 앞부분에서 제시하고 있다. 그러나 광고의 규모가 커지고 다양해짐에 따라 관련 법과 규제가 점차 많아지고 복잡해지기 시작했다. 거기에 최근에는 AI까지 가세해 그 복잡성과 모호성이 더욱 심해지고 있다. 이에 각국의 규제 관련 부처와 국제기구, 대학의 연구소 등이 연구하고 대책을 마련하는 중이다. 그러나 대체로 AI의 발전 속도를 윤리, 규제, 법 등이 따라갈 수 있을지 의문이다. 많은 연구자들이 제시한 내용을 중심으로 아래와 같은 여덟 가지 문제점과 연구 결과에 대해 생각해 보았다.

AI 광고 윤리: 도전과 해결 과제

개인정보 보호 문제

—데이터 수집 및 동의: 콜린 맥클레인(Colleen McClain) 등의 연구에 따르면, 미국인 중 81%가 기업이 자신에 대해 수집한 데이터를 사용하는 방식에 대해 우려하고 있는 것으로 나타났다(McClain et al., 2023). 이는 AI 기반 광고에서 투명성과 동의의 필요성이 강조된 것이다.

—감시와 추적: 코린 맥셰리(Corynne McSherry) 등은 다양한 플랫폼에서 사용자를 추적하고 잠재적으로 개인정보 보호 권리를 침해할 수 있는 광고 내 AI 감시에 대한 우려를 제기했다(McSherry et al., 2023).

편견과 차별

—알고리즘 편향: 2019년 캐런 하오(Karen Hao)의 연구에 따르면, 광고에 사용되는 알고리즘을 포함한 AI 알고리즘은 기존 사회적 편견을 영속화하거나 심지어 증폭시켜 차별적인 결과를 초래할 수 있는 것으로 나타났다(Hao, 2019).

—타기팅의 차별: 퍼넬러피 소사(Penelope Sosa)에 따르면, AI 기반의 구직 필터부터 법원의 가석방 결정에 사용되는 위험 평가 소프트웨어에 이르기까지 다양한 산업에 편향이 만연해 있다(Sosa, 2024). 이는 기존 불평등을 악화시킬 위험이 있는 차별적인 결과로 이어질 수 있다. AI 기반 시스템의 채용, 주택, 금융 서비스 광고에서 특정 인구통계를 제외해 심각한 윤리적 우려를 불러일으킬 수도 있다는 것이다.

투명성과 책임

—블랙박스 특성: 유럽연합 집행위원회(European Commission)는, 2024년 봄 승인된 AI법 제2장 제5조 '금지된 AI 시스템(Prohibited AI systems)'에서, 잠재의식적, 조작적, 기만적인 기술을 사용해 행동을 왜곡하고, 정보에 입각한 의사 결정을 방해해 심각한 피해를 입히는 AI 시스템을 금지하고 있다. AI 시스템의 투명성 부족(블랙박스)에 대해, 특히 의사 결정 과정이 불투명한 광고 분야에서도 주요 과제로 논의되어야 할 것이다.

—AI 사용 공개: 미국 연방거래위원회(Federal Trade Commission: FTC)는, 소비자 신뢰를 유지하고 AI 워싱(AI washing)과 같은 기만적인 관행을 방지하기 위해 광

고에서 AI 사용을 공개하는 것이 중요하다고 강조했다.

조작과 자율성

—행동 타기팅: 노르웨이 소비자협의회(Norwegian Consumer Council)의 2023년 보고서에서는, AI 기반 제품과 서비스가 어떻게 소비자 취약성을 악용해 조작으로 이어지고 자율성을 훼손할 수 있는지 설명했다.

—소비자 자율성: 2020년 두버 등의 연구에서는, AI의 예측 기능이 결정을 미묘하게 조정하고 윤리적 위험 신호를 제기함으로써 소비자 자율성을 침해할 수 있다고 했다(Dubber et al., 2020).

경쟁의 공정성

—시장 지배력: 호주 경쟁소비자위원회(Australian Competition and Consumer Commission, ACCC)는 2021년 발간한 보고서에서, 광고 분야의 AI 역량이 대규모 기술 기업의 시장 지배력을 강화해 잠재적으로 불공정 경쟁으로 이어질 수 있다고 보고했다.

—기술에 대한 접근성: 2024년 봄에 개최된 세계경제포럼(WEF)에서는 AI 기술에 대한 접근성의 디지털 격차에 대해 강조했다. 이는 광고 공간에서 대기업과 중소

기업 간의 불평등을 악화시킬 수 있다는 우려를 제기한 것이다.

윤리적 AI 개발

—책임 있는 AI 설계: 유럽연합 집행위원회가 발표한 AI 법은 공정성과 책임성을 보장하기 위해 준비된 것이며, 광고에 사용되는 시스템을 포함해서 AI 시스템의 윤리적 설계의 필요성을 강조하고 있다.

—지속적인 모니터링: 국제 전기전자공학자협회(Institute of Electrical and Electronics Engineers, IEEE)는, 새로운 윤리적 문제를 해결하고 사회 변화에 적응하기 위해 2016년부터 광고를 포함한 모든 AI 시스템의 지속적인 모니터링을 시행하고 있다.

사회와 문화에 미치는 영향

—문화적 민감성: 2021년 유네스코(UNESCO)는, 국가의 발전 정도, 문화적 차이, 공공과 민간의 다중 이해관계자 등 다양한 요인을 고려한 국제적 AI 윤리 가이드라인의 필요성을 제시했다.

—지속 가능성 및 소비주의: 디마테오 등의 연구에서는, AI 기반 소비주의의 윤리적 의미를 강조하면서 이것

이 지속 불가능한 소비 패턴을 악화시킬 수 있다고 지적했다(DiMatteo et al., 2024).

규정 및 법률 준수

–법률 준수: 광고 분야에서 AI가 계속해서 성장함에 따라, 유럽의 일반정보보호규정(General Data Protection Regulation, GDPR) 또는 미국의 캘리포니아주 소비자 개인정보보호법(California Consumer Privacy Act, CCPA)과 같은 기존 규정을 준수하고 향후 적용될 수 있는 법적 프레임워크를 대비하는 것이 중요하다.

–새로운 규정의 필요성: 미국 의회를 비롯한 전 세계의 많은 입법 기구에서는, 광고에서 AI가 제기하는 윤리적 문제를 구체적으로 다루는 새로운 규정의 필요성에 대해 적극적으로 논의하고 있다.

우리의 AI 광고 윤리 문제 인식

–공공기관의 전면적인 대응이나 규제의 움직임은 아직 눈에 띄지 않지만 학계와 광고업계의 노력은 진행 중이다. 전문가들은 AI의 무작위 개인정보 수집과 가짜 정보의 문제를 제기하고 있다. AI가 가짜 정보로 광고를 제작할 가능성이 존재하며, 이를 소비자가 신뢰하게 된다면

더 큰 문제로 확대될 수 있어 우려된다는 것이다. 또한 불법, 자극적 콘텐츠에서 딥페이크 인물의 활약이 젠더 문제나 사회적 고정관념 등에 부정적 영향을 줄 수 있다고 우려하고 있다.

-학계에서는 학술대회 등을 통해 문제 제기와 경고를 이어 가고 있고, 업계에서는 광고 윤리 강령의 개정 등을 통한 자발적 노력을 준비 중이다. 한편으로는 AI가 만든 콘텐츠에 디지털 워터마크 삽입 의무화 도입이 필요하다는 의견과 달라진 광고 환경이 반영된 광고 윤리 교육의 필요성을 제기하기도 했다.

AI 광고의 윤리적 접근: 공정성과 사회적 논의의 필요성

광고가 활용할, 광고에서 활용되는, 굳이 광고뿐만 아니라 다양한 분야에서 활용되는 AI 시스템이 공정하고 윤리적으로 작동하기 위해서는 단순한 기술적 해결책을 넘어 더 깊은 사회적, 윤리적 논의가 필요하다. 로레알과 도브, 레고 등 몇몇 브랜드는 광고와 마케팅에 AI 도입 금지를 천명했고, 미국은 국가 차원에서 AI를 활용한 정치 광고의 규제 도입을 추진하고 있다.

이러한 윤리적 측면을 이해하면 소비자, 기업 및 사회

전체에 이익이 되는 방식으로 광고에서 AI를 개발하고 구현하는 데 도움이 될 수 있을 것이다. 이 분야가 계속 발전함에 따라 이러한 문제에 대한 지속적인 논의는 필수적일 것이다.

참고문헌

광고정보센터(2023). 광고계 동향 - 생성형 인공지능 시대, 광고윤리는? 생성형 인공지능 시대의 광고윤리의 필요성 토론회.

매드타임스(2024.4.21). 'AI 워싱'을 아시나요?.

조선일보(2024.1.18). 인간에 오염된 데이터로 학습… "편향 없는 AI는 불가능".

주간경향(2023.9.11). IT칼럼, AI의 복잡성과 블랙박스 문제.

한국지능정보사회진흥원(2021). 유네스코 AI 윤리 권고 주요 내용 및 시사점, ≪IT & Future Strategy≫, 제10호.

BrandBrief(2024.4.23). 광고·마케팅에 AI 금지, 로레알·도브·레고·H&M·띵스(Thinx)의 전략은?.

Institute of Electrical and Electronics Engineers(2016). 인공지능 및 자율시스템의 윤리적 고려를 위한 IEEE 글로벌 이니셔티브, 윤리적 설계: 인공지능 및 자율시스템에서 복지를 우선시하는 비전(한국어판).

ACCC(2021). Google's dominance in ad tech supply chain harms businesses and consumers, Press Relesess.

AI-Act-overview-30.05.2024.

Cho, S.(2024). AI and the expanding 'digital economy' will help bridge global divides. Here's why, 2024 World Economic

Forum, Jul 2, 2024.
DiMatteo, L., et al.(2024). *The Cambridge Handbook of AI and Consumer Law*, Cambridge University Press & Assessment.
Dubber, M., et al.(2020). *The Oxford Handbook of Ethics of AI*, Oxford University Press, 9 July 2020.
Hao, K.(2019). Facebook's ad-serving algorithm discriminates by gender and race, *MIT Technology Review*, April 5, 2019.
International Chamber of Commerce(2018). ICC Advertising and Marketing Communication Code, Building consumer trust through responsible marketing, 2018 Edition.
Kim, J.(2024). EU AI Act, *SPREADI*, January 19, 2024.
McClain, C., et al.(2023). How Americans View Data Privacy, Pew Research Center.
McSherry, C., et al.(2023). Privacy First: A Better Way to Address Online Harms, Electronic Frontier Foundation.
Norwegian Consumer Council(2023). Ghost in the machine – Addressing the consumer harms of generative AI. 2023.6. report.
Sosa, P.(2024). Navigating the ethical minefield of AI in communication, USC Annenberg Relevance Report.

09
AI 기반 예측 모델과 광고 ROI

최근 AI를 활용한 예측 모델이 다양한 분야에서 개발되고 있다. 프로야구에서는 투수의 자세를 분석해 타자의 성과를 예측하는 모델이 등장했으며, 자본 시장에서는 딥러닝을 활용한 주가 예측이 이루어지고 있다. 광고 분야에서도 AI 기반 모델을 통해 ROI, ACOS, ROAS 개선을 목표로 하며, 고객 타기팅과 크리에이티브 최적화에 활용된다. 그러나 데이터 확보, 모델 검증, 윤리적 문제 등의 과제가 존재한다. AI 기술을 효과적으로 활용하면 광고 효과를 극대화할 수 있다.

AI를 활용한 예측 모델의 발전과 광고 투자 효율화

최근 AI를 활용한 다양한 예측 모델들이 속속들이 개발되고 있다. 얼마 전 프로야구에서 투수의 투구 자세에 따라 타자의 홈런과 안타를 예측하는 AI 모델이 개발되었다. 우리나라 연구진이 AI의 XGBoost라는 기술을 이용해 개발했으며, 투수의 투구 위치, 타자 위치, 투수의 주손, 볼 카운트, 스트라이크 카운트를 독립변수로 활용했다. 그 결과 정확도 86.92%, 정밀도 99.90%, 재현율 86.95%, F1 score 92.98% 성능의 인공지능 예측 모델이 개발되었다. 이후 검증을 위해 류현진 투수의 투구 데이터를 적용해 탐색적 분석을 수행하여 선수 개인의 보편성과 특징을 확인했다. 타자들이 이를 잘 이용하면 더 재미있는 야구가 되고 관중 동원에도 성공할 수 있을 것으로 보인다.

많은 현금이 거래되는 자본시장에서의 투자 회수 예측은 어떨까? 주식 시장의 경우 이미 오래전부터 단순 통계 모델인 회귀분석 모형을 활용해 많은 투자자들이 주가 예측에 활용하고 있었다. 최근에는 여기에 AI의 딥러닝 기술을 추가해 주가 예측을 하고 있다. 주가에는 '추세'라는 것이 있는데, 이것은 어제, 오늘과 내일의 주가가 서로 강한 관련성이 있음을 의미하는 것으로, 전문 용어로는 '자기상관성'이라고 한다. 그래서 주가를 잘 예측하는 모델은 추세를 잘 학습한 모델이 되고, 예측성이 매우 뛰어난 모델은 어제의 가격을 바탕으로 오늘의 가격을 예측한다. AI가 참 많은 일을 한다는 것을 알 수 있다.

여기서 우리는 생성형 AI와 예측형 AI를 구분해서 보아야 할 것이다. 생성형 AI는 사실적인 이미지와 기타 새로운 콘텐츠를 생성하는 데 중점을 두며, 뉴럴 네트워크(Neural network)와 머신러닝을 사용한다. 이에 비해 예측형 AI는 패턴을 식별해 미래의 사건을 예측하는 데 중점을 두며, 통계 모델과 머신러닝 알고리즘을 사용한다.

그러면 자본시장보다는 건전하다고 할 수 있는 광고투자의 경우는 어떻게 시장을 예측하고 투자를 회수할까? 예측 모델링이란 미래에 대한 이해를 높여 더 수익성 있는 행동 또는 의사 결정을 구현하는 것을 의미한다. 오늘날 기업들은 끊임없이 변화하는 시장 환경 속에서 경쟁력을 유지하기 위해 노력하고 있다. 특히 마케팅 분야에서는 한정된 자원을 효율적으로 활용하고자 하는 수요가 증가하고 있다. 이에 따라 기업들은 AI 기술을 활용한 예측 모델을 개발해 광고 캠페인의 ROI를 극대화하려는 시도를 하고 있다.

AI 기반 광고 예측 모델과 ROI 최적화 전략

AI 기반 예측 모델은 과거 데이터를 학습해 미래의 사용자 행동을 예측하는 기술이다. 이를 통해 기업은 더욱 정확한 의사 결정을 내릴 수 있다. 마케팅 분야에서는 주로 고객 세분화, 제품 추천, 광고 타기팅 등에 활용된다.

광고 ROI는 광고 집행에 따른 매출 증가분을 나타내는 지표로, 기업의 마케팅 성과를 평가하는 데 활용된다. AI 기반 예측 모델은 광고 ROI 향상을 위해 다음과 같이 활용될 수 있다.

-타기팅 최적화: AI 모델은 고객 데이터 분석을 통해 광고에 반응할 가능성이 가장 높은 타깃 고객을 정밀하게 선별할 수 있다. 이를 통해 불필요한 광고 노출을 줄이고 광고 효과를 극대화할 수 있다.

-크리에이티브 최적화: AI 모델은 과거 광고 데이터 분석을 통해 고객 반응이 가장 좋았던 광고 크리에이티브의 특징을 파악할 수 있다. 이를 바탕으로 새로운 광고 소재를 제작할 때 더 효과적인 크리에이티브를 개발할 수 있다.

-미디어 믹스 최적화: AI 모델은 광고 채널별 고객

반응, 매출 기여도 등을 분석해 최적의 미디어 믹스를 제안할 수 있다. 이를 통해 한정된 광고 예산을 더 효율적으로 배분할 수 있다.

—실시간 최적화: AI 모델은 광고 집행 중 실시간으로 고객 반응을 분석해 타기팅, 크리에이티브, 미디어 믹스 등을 지속적으로 조정할 수 있다. 이를 통해 광고 효과를 실시간으로 높일 수 있다.

그러나 AI 기반 예측 모델을 도입하고 활용하기 위해서는 아래와 같은 과제들 역시 존재한다.

—데이터 확보의 어려움: AI 모델 구축을 위해서는 방대한 양의 고품질 데이터가 필요하지만, 실제로 기업이 보유한 데이터는 종종 불완전하거나 편향되어 있을 가능성이 있다.

—모델 성능 검증의 어려움: AI 모델의 예측 성능을 검증하기 위해서는 지속적인 모니터링과 테스트가 필요하지만, 이를 위한 전문 인력과 인프라가 부족한 경우가 많다.

—윤리적 이슈: AI 모델이 편향된 데이터에 기반해 의사 결정을 내릴 경우 차별이나 프라이버시 침해 등의 윤리적 문제가 발생할 수 있다.

한편, ACOS(Advertising Cost of Sale)라는 개념도 종종 사용되는데, 이는 광고 비용을 통해 발생한 매출의 비율을 의미한다. 비용보다는 광고의 효율성 측정에 초점을 두는 기법이다. 광고 지출액을 광고로 발생한 매출로 나누어 백분율로 나타낸다. 광고에 100만 원을 지출하고 이를 통해 1,000만 원의 매출을 올렸다면, ACOS는 10%가 된다. ACOS가 낮을수록 광고 효율이 높다는 의미다. 적은 비용으로 더 많은 매출을 올렸다는 것을 나타내기 때문이다. 반대로 ACOS가 높다면 광고 비용이 매출에 비해 상대적으로 많이 들었다는 것을 의미한다. ACOS는 주로 아마존과 같은 전자상거래 플랫폼에서 많이 사용되며, 광고 캠페인의 성과를 평가하고 최적화하는 데 활용된다.

또한 ROAS(Return On Advertising Spend)의 개념도 사용되는데, 이는 광고 수익률을 의미하며, 캠페인 비용 대비 캠페인 수익을 의미한다. 광고 캠페인의 효율성을 평가하는 데 사용된다. ROAS를 계산하려면 광고로 얻은 수익을 광고 비용으로 나누면 된다. 광고비로 100만 원을 지출하고 이를 통해 1,000만 원의 수익을 올렸다면, ROAS는 10이 된다. 이는 광고비 1만 원당 10만 원의 수익을 얻었다는 의미다. ROAS는 광고 캠페인의 성과를 평가하고 최적화하는 데 중요한 역할을 하며, 특히 디지털 광고와 마케팅, 전자상거래 등에서 많이 사용된다.

김유라와 주재우는 소비자들의 금융 상황과 가계 소득에 대한 예측이 기업의 광고비 지출과 양의 상관관계가 있다고 했다(김유라 · 주재우, 2012). 이는 소비자의 가계 소득 예측이 기업의 광고비 예산 편성에 중요한 정보로 활용될 수 있음을 의미하는 것으로, 결국 소비자들의 가계 소득 예측은 기업의 광고비 지출에도 영향을 미치는 요인으로 확인된 것이다.

한편 박성혁 등은, 다수의 매체를 통해서 디지털 마케팅 캠페인을 수행하는 광고주가 매체 기획(media planning) 단계에서 광고 예산 대비 최상의 광고 성과를 내기 위해서는 광고를 집행하려는 매체의 특성과 성과를 고려해 매체별로 최적화된 예산을 배정해야 한다고 지적하면서, 다매체광고예산배정 비선형최적화모형을 제시했다(박성혁 외, 2021). 이 모형에서는 세 가지 핵심 성과 지수(Key Performance Indicators)인 클릭 수, 결제 수, 그리고 회원가입 수가 모두 높은 개선율을 보였는데, 이를 통해 광고주가 각 광고 매체별로 얼마의 예산을 배정해야 최적의 광고 성과를 얻을 수 있는지를 데이터에 기반해 과학적으로 의사 결정을 할 수 있도록 해야 한다고 했다. 데이터 기반 AI를 활용한 ROI 대비 광고 예산 배분 모형의 중요성을 제시한 것이다. 향후에는 이런 연구도 AI를 통해서 추진한다면 더 높은 신뢰값을 구할 수 있을 것이다.

AI 기반 광고 성과 지표 최적화와 도전 과제

ROI, ACOS, ROAS 등은 모두 온라인 광고와 모바일 마케팅에서 특히 중요한 핵심 성과 지표라고 할 수 있다. AI를 활용한 기반 예측 모델은 ROI, ACOS, ROAS 등의 향상을 위한 강력한 도구로 활용될 수 있다. 하지만 이를 효과적으로 도입하기 위해서는 데이터 확보, 모델 성능 검증, 윤리적 이슈 등의 과제를 해결해야 한다. 기업은 이러한 과제를 해결하고 AI 기술을 적극적으로 활용함으로써 광고 효과를 극대화할 수 있을 것이다.

참고문헌

김유라 · 주재우(2012). 소비자 심리지수를 통한 소비자 예측이 광고비에 미치는 영향, ≪한국산학기술학회논문지≫, 제13권 제12호, pp.5752-5758.

뉴데일리경제(2023.10.26). 디지털 옥외광고, ROI 높이려면 '프로그래매틱'이 답… 하이브스택 안드레아스 수플리오티스

CEO.
박성혁 외(2021). 다매체 광고 예산 배정 비선형 최적화 모형, ≪2021년 한국지능정보시스템학회 춘계학술대회 초록집≫, pp.47-48.
이기대(2022). 딥러닝으로 주가를 예측한다는 것, 오류일까? 아니면 눈속임일까? Brunch story https://brunch.co.kr/@swsong/6
이데일리(2024.7.26). 디지털 광고 핵심은 데이터…AI 기술로 효율·효과↑
조선미 외(2023). 머신러닝(XGBoost) 기반 미국프로야구(MLB)의 투구별 안타 및 홈런 예측 모델 개발, ≪한국체육측정평가학회지≫, 25(1), pp.65-76.

10
미래의 AI 광고 트렌드

AI의 발전으로 광고 환경이 변화하고 있으며, 초개인화, VR/AR, 메타버스, 블록체인, 자동화 캠페인 등 다양한 트렌드가 부각되고 있다. AI는 소비자 행동 분석을 통해 맞춤형 광고를 제공하고, VR/AR 기술을 활용한 몰입형 광고 경험을 창출한다. 메타버스는 새로운 광고 시장으로 성장할 전망이며, 블록체인은 데이터 보호에 기여할 수 있다. 광고 자동화는 효율성을 높이지만, 그만큼 소비자 보호와 윤리가 중요해질 것이다.

AI 광고의 미래: 개인화와 혁신의 시대

AI의 발전으로 광고 환경이 급격하게 변화하고 있다. 기업이 더 개인화되고 효과적인 마케팅 전략을 수립하기 위해 노력함에 따라, AI는 소비자 행동을 예측하고, 광고 지출을 최적화하고, 고객 경험을 향상시키는 것이 핵심 역할로 떠오르고 있다. 광고 산업의 미래에서 AI의 역할을 연구한 바세프(Sinem Eyice Başev)는, 광고에서 AI의 활용이 지금과는 또 다른 모습을 보일 것으로 전망한다(Başev, 2024). AI는 증강현실과 IoT 기술을 통해 광고를 더욱 개인화해 메타버스와 같은 새로운 디지털 공간에서 광고 활동이 활발해질 것으로 보고 있다. 또한 AI는 아직 인간처럼 창의적이지 않지만 데이터 분석을 통해 새로운 아이디어를 생성할 수 있으며, 미래에는 더 창의적으로 발전할 가능성이 높다고 했다. 한편 미래에는 AI가 데이터 분석, 카피라이팅, 비디오 촬영 및 편집 등 광고 프로세스 전반에서 더 큰 역할을 할 것으로 예상된다고 하면서, AI가 인간 수준의 지능을 지니거나 초인적인 능력을 갖출 가능성도 있으며, 이는 인간과 AI 간의 경쟁을 초래할 수 있다고 경고하기도 했다.

AI와 미래 광고: 초개인화, VR/AR, 메타버스, 블록체인, 자동화의 진화

초개인화 광고/실시간 광고

AI 활용 광고의 가장 중요한 트렌드 중 하나는 초개인화다. AI 알고리즘은 소비자의 온라인 행동, 구매 내역, 소셜미디어 활동에서 얻은 방대한 양의 데이터를 분석해 고도로 타기팅된 광고를 만든다. 데이비드 커크패트릭(David Kirkpatrick)은 소비자의 71%가 개인화된 광고를 선호한다고 했다(Kirkpatrick, 2016). 이는 마케팅 대행사 애드루센트(Adlucent)의 조사 결과를 인용한 것인데, 이 조사에 따르면 소비자에게 개인화된 광고의 이점은 무의미한 광고를 줄이는 데 도움이 되고(46%), 새로운 제품을 발견하고(25%), 온라인 쇼핑을 더 쉽게 하는(19%) 등 크게 세 가지가 있다. 지금도 개인화 광고가 진행되고 있지만, 앞으로는 모바일 기술과 AI가 결합하면 실시간 개인화로 확장되어 위치, 기분, 날씨 등 개인의 현재 상황에 맞게 광고가 맞춤화될 수도 있다. 이러한 접근 방식은 이용자의 참여도를 높일 뿐 아니라 소비자나 고객으로의 전환율도 향상시킬 것으로 예상된다. 소비자는 자신의 즉각적인 필요와 선호도에 맞는 광고에 반응할 가능성이 더 높기 때문이다. 한편으로는 SNS와 AI

가 결합해 소비자의 실시간 반응에 따라 광고 콘텐츠를 즉시 수정하거나 최적화하는 시스템도 구축될 수 있을 것으로 기대해 본다.

가상현실(VR)/증강현실(AR) 광고

포춘 비즈니스 인사이트(Fortune Business Insights)에서는 전 세계 VR 시장이 2024년부터 2032년까지 연평균 28.6% 성장할 것으로 전망했다(Fortune Business Insights, 2024). 의료, 게임, 소매, 자동차, 엔터테인먼트 등 다양한 산업 분야에서 발전이 있을 것으로 예상하고 있다. 관련 산업 생태계는 확장 중이며, 각종 하드웨어 개발사는 물론이고 플랫폼 개발사와 각종 앱 개발사 등이 고루 성장하며 경쟁력을 강화할 것으로 보인다. 우리나라에서도 정부의 디지털콘텐츠산업 육성 지원 계획에 따라 VR, AR 기술 저변 확대를 위한 투자를 하고 있다. 광고도 이에 편승할 필요가 있다. AR이나 VR을 브랜디드 엔터테인먼트와 게임 형식의 광고로 활용할 때 높은 브랜드 인게이지먼트가 발생할 수 있다. 일부 전문가도 소비자와의 브랜드 커뮤니케이션을 위해서는 일회성 이벤트 활용에 만족하지 말고 실용성과 유희성을 첨가해 지속적으로 이용될 수 있도록 해야 한다고 주장한다. 이미 AR과 VR에 AI가 접목되어 기술이 개발되었고 상용화되어 있다. 광고의 미래는 미디어의 진화를 통해 예상할 수 있다는 한국광고학회(2021)의 단언처럼, AI가 AR이나 VR을 광고 미디어로 활용할 수 있기를 기대해 본다.

메타버스(Metaverse) 광고

시장조사업체인 이머전 리서치(Emergen Research)에 따르면 메타버스 시장은 2028년까지 연평균 43.5% 성장해 시장 규모가 8,289억 5,000만 달러(약 991조 4,242억원)에 이를 것으로 전망된다. COVID-19 사태가 규모를 키우기도 했고, 글로벌 테크기업들이 기술 개발을 주도해 성장을 지속하고 있다. 아바타라는 또 다른 내가 가상공간에서 생활하게 될 수도 있는데, 실제 우리나라의 몇몇 대학은 신입생 입학식을 가상 공간에서 진행하기도 했다. 기술적으로 검색 엔진(웹 1.0) 및 SNS(웹 2.0)와 마찬가지로, 마케팅과 광고가 메타버스(웹 3.0)를 시장에서 주류로 끌어올리는 연료를 제공할 것이라고 한다. 경제 전문지 포브스(Forbes)도 메타버스 광고가 기존 광고의 한계를 극복하고 새로운 광고 시장을 창출할 것으로 예상하고 있다. 메타버스 마케팅의 주 수익원은 광고와 유료 아이템이다. VR과 AR을 활용해 더 몰입감 있는 광고 경험을 제공하면, 이는 기존 광고 방식의 한계를 뛰어넘는 새로운 기회를 창출할 수 있을 것으로 내다보고 있다. 그러나 미국의 브루킹스(Brookings) 연구소는 논평에서, 메타버스를 'AI 기반 메타버스'로 바꿔 부르자고 주장했다. 가상 공간이 아니라 AI에 방점을 찍어야 메타버스의 실체를 바로 볼 수 있다는 얘기다. 따뜻하고 모호한 비전을 제시하다가는 메타버스가 학대, 편견, 조작, 개인 안전 위협 등의 문제를 키울 수 있다고 지적했다. AI가 가진 문제점들이 메타버스에서 그대로 실현되고 있기 때문이다. AI가 가지고 있는 문제점들이 개선되어야 또 다른 가상의 세계에서도 광고가 유통될 수 있을 것이다.

블록체인(blockchain) 광고

한때는 블록체인이 광고주와 소비자 모두에게 이익을 제공할 수 있는 기술로 평가받기도 했다. 그러나 언제부터인지 새롭고 획기적인 소식은 자주 들리지 않는 것 같다. 혹자는 IT 기술자들의 관심이 AI로 넘어가 그렇다는 이야기를 하기도 한다. 토큰 소유자가 만든 블록체인 기반의 브랜드-세이프(브랜드가 안전하게 보호되는) 사이트 리스트, 디지털 광고 데이터 세트의 투명성 강화, 고객 로열티 프로그램의 구성원들이 암호 통화를 보상받는 것, 블록체인 기반의 프로그래밍 광고 사용 및 검증된 광고 임프레션(광고를 보는 것)에 토대를 둔 스마트 계약 등 안전, 투명, 신뢰 등의 수식어가 들어간 기법들이 소개되기는 했다. 그러나 블록체인 기술에 광고 기술까지 완벽하게 접목하기가 쉽지는 않은 듯하다. 몇몇 테크 기업들이 새로운 트랜잭션(Transaction, 논리적인 작업 단위)에 도전하고 있으나, 기록과 저장에 블록체인 레저를 사용하는 시스템은 트래픽의 엄청난 양과 복잡성 문제를 극복해야 한다. 블록체인은 한때 4차 산업혁명의 핵심 기술로 소개되기도 하며 많은 사람에게 흥미를 끌기도 했지만, 앞에서 다룬 기술들에 비해 발전이 더딜 것으로 예상된다. 그러나 개인정보 보호가 강조되고 있어서 데이터 보안 기술의 중요성이 더욱 주목받고 있다. 광고 데이터 보호와 신뢰 보장을 위해 블록체인 기술을 활용하는 방안도 고려해 볼 만하다. 하지만 AI와 블록체인 기술이 결합한 광고는 조금 더 시간이 흐른 후에 논해야 할 것으로 보인다.

자동화 캠페인

생성형 AI의 출현으로 시작된 자동화 광고는 광고 소재 제작의 자동화에서 시작되었다. AI는 광고에 사용될 카피, 배경 이미지, 영상 등 SNS에서 사용될 다양한 콘텐츠를 제작해 주고 있다. 최근에는 더 발전해 광고 소재나 제작 관련 창의적인 프로세스의 속도가 빨라질 뿐만 아니라 타깃 고객의 다양한 세그먼트에 맞춰 각각 맞춤화된 다양한 광고 변형을 생성하고 있다. 세계 최대 규모의 광고 에이전시 중 하나인 WPP가 인공지능 컴퓨팅 회사인 엔비디아(NVIDIA)와 손을 잡은 것도 광고업계가 생성형 AI를 진지하게 받아들이고 있다는 신호로 볼 수 있다. WPP는 엔비디아의 생성형 AI 기술을 활용해 더욱 매력적이고 몰입도 높은 광고 컨텐츠를 만들 수 있을 것으로 기대하고 있다. 실제로 최근 코카콜라도 WPP와 협력을 통해 엔비디아 옴니버스(Omniverse)와 NIM 마이크로서비스의 생성형 AI로 글로벌 캠페인의 확장을 시작했다. 그런데 이런 AI 기반 광고 캠페인 자동화의 활용은 광고대행사만의 전유물로 여겨지지는 않을 것이다. 실제로 기업들이 대행사를 통하지 않고 직접 AI를 활용해 광고를 집행할 수도 있게 된 것이다. 몇몇 기업은 전용 AI를 보유하기 시작했다. 광고 자동화 캠페인이 더 활성화되면 대행사는 고객들에게 차별화를 제시해야 할 절체절명의 시기를 맞을지도 모르겠다.

그 외의 기술과 AI 미래 광고

운전을 안 해도 달리는 자율주행차. 그 차 내부에서 활용될 광고의 출현이 예상되었으나, 완전 자율주행차량의 개발이 더디고 애플 등 일부 기업은 사업을 포기하는 등 분위기가 예전 같지는 않다. 자율주행차 광고의 전망은 더욱 어두운 형편이다.

마감 임박, 무료 체험 등의 수사를 통해 소비자를 기만하는 다크 패턴(Dark pattern)은 디지털 기술의 발전과 함께 성장해 이제는 온라인에서도 활약하고 있다. 공정거래위원회는 희소성 알림(곧 판매 마감), 숨은 비용(추가 비용 부과 등), 위장 광고(정보 콘텐츠로 위장) 등 일곱 가지를 주요 다크 패턴 사례로 제시했는데, 여기에 AI 기술이 활용되면 더욱 심화된 다크 마케팅, 다크 광고로 발전할 가능성이 크다. 다크 마케팅은 합법과 불법의 경계에서 교묘하게 비윤리적인 이득을 취하려 하고 있으나 불법으로 보아야 할 것이다. 미래에는 더욱 강화된 소비자 보호와 광고 윤리가 필요하다.

디지털 광고 시장이 커질수록 효과 측정의 어려움은 가중된다. 인터넷 광고에서 효과 측정은 클릭과 클릭률이 중심이었으나, 아이폰 출시 이후 어플리케이션 광고에서는 측정을 위한 별도의 앱이 필요하게 되었고, 이후

전통 미디어와 디지털 미디어를 연동해 측정하는 통합 매체 분석(Cross Media Measurement)이 등장했다. 광고주들은 광고 효과를 보고 비용을 분석하는 방식을 선호하지만, 나날이 발전하는 디지털 광고 시장에서는 이들의 기대를 충족하지 못하는 실정이다. 효과 측정을 곧 보상 체계로 연결하고 싶은 광고주들의 기대가 AI를 활용한 효과 측정법의 개발로 해소될 수 있을지 기대해 본다.

참고문헌

디지털비즈온(2022.10.30). 포브스, '2023년 상위 5개 메타버스 트렌드' 소개.

매드타임스(2023.11.27). 2024년 광고/미디어 산업 5대 트렌드, "AI·SNA·OTT·CTV·이커머스".

반론보도닷컴(2023.9.5). 디지털 광고 효과 측정을 위한 노력들(상).

반론보도닷컴(2023.9.6). 디지털 광고 효과 측정을 위한 노력들(하).

아주경제(2021.11.30). 메타버스 시대② 991조원 규모로 커진다. 치열해지는 메타버스 경쟁.

유승철(2023). 다크 마케팅 그 문제와 대응방안, KAA JOURNAL 2023년 07, 08월호 Focus①.

중앙일보(2021.12.6). 젊을수록 더 당했다…눈뜨고 속는 '다크패턴 상술' 법으로 제동.

한국경제(2024.1.26). AI 만난 메타버스…현실과 가상의 경계 완전히 무너진다.

한국광고학회(2021). 『광고의 미래 넥스트 10년』, 학지사.

한국광고학회(2023), 『AI기반 광고전략』, 온샘.

AEM(2017). 자율주행차에서 광고는 어떻게 작동하는가, 2017년 7월호.

BrandBrief(2021.5.27). 가상과 현실을 잇는 메타버스가 온다… 광고·마케팅은 어떻게 달라질까?.

BrandBrief(2023.11.27). 메조미디어가 분석한 2024 광고·미디어 5대 트렌드.

Fortune Business Insights(2024), 가상 현실(VR) 시장 규모, 점유율 및 산업 분석, 구성 요소별(하드웨어, 소프트웨어 및 콘텐츠), 장치 유형별(HMD(헤드 마운트 디스플레이), VR 시뮬레이터, VR 안경, 런닝머신 및 햅틱 장갑 등) 산업별(게임, 엔터테인먼트, 자동차, 소매, 의료, 교육, 항공우주 및 방위, 제조 등) 및 지역 예측(2024~2032년), https://www.fortunebusinessinsights.com/ko/industry-reports/virtual-reality-market-101378

ITWorld(2020.2.21). 블록체인은 광고 산업에서 잠재력을 실현시킬 수 있을까?.

ZDNET Korea(2021.2.3). 정부, VR·AR 기술 저변 확대에 올해 2024억원 투자.

Başev, S. E.(2024). The role of artificial intelligence(AI) in the future of the advertising industry: Applications and examples of AI in advertising, *International Journal of Education Technology and Scientific Researches*, 9(26), pp.167-183.

Kirkpatrick, D.(2016). Study: 71% of consumers prefer personalized ads, Marketing DIVE, May 9, 2016.

이윤우

한신대학교 미디어영상광고홍보학부에서 학생들과 함께하고 있다. 대학에서 광고홍보학과 행정학을 공부했다. 대학원에 진학해 마케팅 커뮤니케이션을 공부해 경영학(마케팅) 석사와 박사 학위를 받았다. 연구원 생활을 하면서 정책연수를 받게 되어 행정학 박사과정도 수료했다. 한국농촌경제연구원(KREI)에서 연구원 생활을 시작했으며, 한국개발연구원(KDI)에서 20여 년을 연구원으로 일했다. 또한 재정경제부 경제홍보기획단에서 파견관으로 일하기도 했으며, 경제부총리 표창을 수상했다. 미국 BIE(Buck Institute for Education)의 PBL Coaching 연수를 2년 동안 4회에 걸쳐 수료했으며, 아이빛연구소에서 PBL 강사 연수를 받았다. 틈틈이 국립안동대, 광주여대, 금강대, 단국대 등에서 마케팅, 기업가정신 등을 강의했으며, 한국PR학회, 한국광고PR실학회 회원을 역임했다. 주요 연구로, "브랜드 SNS의 특성이 미디어 인게이지먼트를 매개로 브랜드 인게이지먼트에 미치는 영향"(2015, 한국전략마케팅학회), "경제교육에 AI를 도입할 수 있을까?"(2021, 한국경제교육학회), "경제교육에 생성형 AI를 어떻게 활용할 수 있을까?"(2023, 한국경제교육학회) 등이 있다. 학생들과 함께한 주요 프로젝트로, "Final and Black Survivor: 5(season 1/2)"(2022/2023, PUBPLE), "혁신적 포용국가 대한민국 미래 VISION 2045 PR Campaign 기획"(2024, PUBPLE), "광고와 함께하는 세상 광고와 함께하는 CSV"(2024, PUBPLE)"

등이 있다. ywlee69@naver.com